Inglês
guia de conversação

martins fontes
selo martins

© 2003 Berlitz Publishing/Apa Publications GmbH & Co. Verlag KG, Singapore Branch, Singapore

Berlitz Trademark Reg. U.S. Patent Office and other countries.
Marca Registrada. Used under licence.

Todos os direitos reservados. É proibido reproduzir esta obra, sem autorização prévia, ainda que parcialmente, copiá-la ou retransmiti-la por qualquer meio, seja eletrônico seja mecânico (fotocópia, microfilme, registro sonoro ou visual, banco de dados ou qualquer outro sistema de reprodução ou transmissão).

© 2006, Martins Editora Livraria Ltda., São Paulo, para a presente edição.

Publisher	*Evandro Mendonça Martins Fontes*
Coordenação editorial	*Vanessa Faleck*
Transcrição fonética	*Prof. Dr. Paulo Chagas*
e revisão da tradução	*Depto. de Lingüística da USP*
Revisão	*Eliane Santoro*
	Tereza Gouveia
Produção gráfica	*Sidnei Simonelli*

Dados Internacionais de Catalogação na Publicação (CIP)
(Câmara Brasileira do Livro, SP, Brasil)

Guia de conversação : inglês / Berlitz ; tradução Beatriz Medina. -- São Paulo : Martins, 2006. -- (Série Guias Berlitz)

Título original: Berlitz phrase book & dictionary : english
ISBN 978-85-99102-45-9

1. Inglês - Vocabulários e manuais de conversação - Português
2. Português - Vocabulários e manuais de conversação - Inglês I. Série.

06-5980
CDD-428.2469
-469.8242

Índices para catálogo sistemático:
1. Guia de conversação inglês-português : Lingüística 428.2469
2. Guia de conversação português-inglês : Lingüística 469.8242

Todos os direitos desta edição reservados à
Martins Editora Livraria Ltda.
Av. Dr. Arnaldo, 2076
01255-000 São Paulo SP Brasil
Tel.: (11) 3116 0000
info@emartinsfontes.com.br
www.martinsfontes-selomartins.com.br

1ª edição setembro de 2006 | **4ª reimpressão** maio de 2014 | **Diagramação** Megaart Design
Fonte Palatino | **Papel** Extraprint 75 g/m² | **Impressão e acabamento** Cromosete

Sumário

Pronúncia   6

Expressões comuns   10

Saudações	10	Por quê?	15
Problemas de comunicação	11	Quem?/Qual?/De quem?	16
		Como?	17
Perguntas	12	É...?/Tem...?	17
Onde?	12	Posso? Podemos?	18
Quando?	13	O que deseja?	18
Que tipo de?	14	Outras palavras úteis	19
Quanto?	15	Expressões	19

Hospedagem   20

Reservas	21	Locação de imóvel	28
Recepção	22	Albergue da juventude	29
Preço	24	Acampamento	30
Necessidades gerais	26	Partida	32

À mesa   33

Restaurantes	33	Entradas	43
Procurando um restaurante	35	Sopas	44
		Peixes e frutos do mar	45
Reservas	36	Carnes	46
Pedidos	37	Verduras e legumes	47
Lanches	40	Queijo e sobremesa	48
Reclamações	41	Bebidas	49
Pagamento	42	Cerveja/Sidra	49
Pratos	43	Uísque/Outras bebidas	50
Café da manhã	43	Glossário de alimentação	52

Viagem 65

Segurança	65	Táxi	84
Chegada	66	Carro	85
Avião	68	Locação de automóveis	86
Trem	72	Posto de gasolina	87
Ônibus interurbano	78	Problemas com carro	88
Ônibus urbano	78	Acidentes	92
Metrô	80	Questões legais	93
Barco/Balsa	81	Como perguntar	
Bicicleta	82	o caminho	94
Carona	83		

Pontos turísticos 97

Posto de informações		Impressões	101
turísticas	97	Glossário turístico	102
Excursões	98	Quem/Qual/Quando?	104
Atrações turísticas	99	No campo	106
Entrada	100		

Lazer 108

Ingressos	109	Crianças	113
Cinema	110	Esportes	114
Teatro	110	Na praia	116
Ópera/Balé/Dança	111	Esqui	117
Shows/Concertos	111	Apresentações	118
Vida noturna	112	Telefonemas	127

Lojas e serviços — 129

Horário comercial	132
Serviços	133
Pagamento	136
Queixas	137
Consertos/Limpeza	137
Banco/Casa de câmbio	138
Farmácia	140
Roupas	144
Saúde e beleza	148
Produtos domésticos	149
Joalheria	150
Banca de jornais	151
Fotografia	152
Correio	153
Lembranças/Presentes	155
Antiguidades	156
Supermercado/Minimercado	157
Alimentos	160

Emergências/Saúde — 161

Polícia	161
Perdas/Roubos e furtos	162
Médico/Geral	163
Sintomas	164
Perguntas do médico	165
Partes do corpo	166
Ginecologista	167
Hospital	167
Dentista	168
Pagamento/Plano de saúde	168

Glossário português-inglês — 169
Glossário inglês-português — 202

Miscelânea — 216

Números	216
Dias/meses/datas	218
Desejos e votos	219
Feriados	219
Horas	220
Mapas	222
Consulta rápida	224
Emergências	224

Pronúncia

A língua inglesa

O inglês é o segundo idioma mais falado no mundo como língua materna depois do chinês e o mais importante do mundo comercial. É falado nos seguintes países (os números são aproximados) e por 100 milhões de pessoas como língua estrangeira.

United Kingdom (Great Britain) Reino Unido (Grã-Bretanha)
O inglês é falado por quase toda a população (59 milhões de pessoas).

United States and Canada Estados Unidos e Canadá
O inglês é falado por quase toda a população (Estados Unidos: 299 milhões de pessoas; Canadá: 32,8 milhões). Outras línguas: francês (cerca de 7 milhões de pessoas em Québec e segunda língua do Canadá); espanhol (cerca de 18 milhões de habitantes nos Estados Unidos).

Australia and New Zealand Austrália e Nova Zelândia
O inglês é a língua de 24,4 milhões de habitantes (Austrália: 20,4 milhões; Nova Zelândia: 4 milhões). Há algumas pequenas diferenças entre o inglês da Grã-Bretanha e o da Austrália e Nova Zelândia, mas pode-se utilizar este guia de conversação sem problemas nesses países.

Pronúncia

Não há regra absoluta quanto à pronúncia do inglês. Contudo, existem princípios básicos que é preciso conhecer caso se queira ser entendido por um interlocutor britânico. Para ajudá-lo a pronunciar as expressões e frases deste guia, você encontrará mais adiante explicações sobre os sons ingleses assim como os símbolos que adotamos para representá-los. Leia as transcrições como se estivessem em português, levando em conta as indicações abaixo. Trata-se de uma transcrição fonética simplificada e, portanto, aproximativa.

– O som **th** e, um pouco menos, o **h** e o **r** são especialmente difíceis no inglês, já que não têm equivalente exato no português.

– Não há ditongos nasais em inglês ("ão", "ãe", "õe", "uim" etc.). Todas as letras são pronunciadas: **on** (sobre) pronuncia-se "onn" (não como "marrom", em português).

– Todas as letras são pronunciadas no final, com exceção do *e* mudo.

– O acréscimo de um ":" depois de uma vogal significa que o som deve ser prolongado.

Nota: Ao longo de todo o livro, as sílabas acentuadas foram sublinhadas; são emitidas com mais ênfase.

Vogais

Som	Pronúncia	Exemplo	
æ	tem uma pronúncia entre o **a** de c**a**so e o **e** de qu**e**ro (um **é** mais aberto)	can	kænn
		cat	kæt
a	som próximo ao **a** de h**a**ra (um **a** pronunciado com a boca menos aberta)	cup	kap
		come	kamm
a:	som entre o **a** de s**a**co e o **ó** de s**ó** (com a língua recuada) pronunciado prolongado	car	ka:
		far	fa:
ai	como **ai** em p**ai**	my	mai
		fine	fainn
au	como em gr**au**	pound	paund
ou	como em **ou**tro pronunciado com ditongo	no	nou
é	como o **é** de p**é**	bed	béd
éa	como em Andr**éa**, sem um **i** entre o **é** e o **a**	fair	féa
ei	como em s**ei**	fate	feit
		date	deit
â	som bem átono, semelhante ao **a** de c**a**no, mas sem nasalização	bigger	bigâ
â:	semelhante ao som acima, mas longo	work	wâ:k
i	som breve, semelhante ao **e** de h**o**je, intermediário entre o **i** de v**i** e o **ê** de v**ê**	pig	pig
i:	**i** longo, como o **i** de gent**i**s	evil	<u>i:</u>vâl
u	som breve, semelhante ao **o** de livr**o**, intermediário entre o **u** de p**u**lo e o **o** de p**o**vo	pull	pul
u:	**u** longo, como o **ul** de az**ul**	soon	su:nn
ó	como o **ó** em av**ó**	not	nót
		soft	sóft
ó:	como o **ó** em av**ó**, mas mais longo	for	fó:
ói	como em her**ói**	boy	bói
yu:	como **iú** em ba**iú**ca (mas com o **u** prolongado)	fuse	fyu:z
y	como o **i** em pra**i**a (semivogal)	yes	yéss

Consoantes

Muitas consoantes representam os mesmos sons em inglês e em português (b, c, d, f, k, l, m, n, p, t, v, z). Mas há diferenças.

Obs: não pronunciar um **i** após consoante, se não houver na transcrição. Ou seja, **red** (*réd*) e **ready** (*rédi*) têm pronúncia diferente.

tch	**ch** se pronuncia como **tch** em **tch**eco	cheap	tchi:p
		rich	ritch
dj	**g** (em geral antes de **e**, **i** ou **y**) e	gin	djinn
	j se pronunciam como em **j**eans	juice	dju:ss
g	como em **g**ato	god	gód
		great	greit
gh	**como o gu em guerra**	give	ghiv
h	O **h** inglês quase nunca é mudo (algumas	hill	hil
	exceções: *hour*, *honour*, *honest*, *heir*).	have	hæv
	Ele é aspirado, pronunciado como um sopro.		
n/nn	**n** e **nn** se pronunciam como em **n**ós	bend	bénd
		son	sann
ng	**ng** se pronuncia como em shoppi**ng**		
	(como se se fosse pronunciar o g,	ring	ring
	mas parando antes)	song	sóng
kw	**qu** se pronuncia como em **qu**atro	quick	kwik
r	O **r** é semelhante ao chamado "r caipira"	red	réd
	em palavras como po**r**ta (com a língua		
	dobrada para trás).		
z	como o **z** de **z**ona	his	hiz
s/ss	como o **s** de **s**eco e o **ss** de pa**ss**o	say	sei
		yes	yéss
j	**si** ou **su** em algumas palavras se	vision	vi̱jân
	pronunciam como um **j** do português	usual	yu:juwâl
ch	**sh** como o **ch** do português em **ch**egar	ship	chip
		fish	fich
	ti também pode representar a mesma	station	s̱t̲e̲i̲c̲h̲ân
	pronúncia		
TH	O som **th** não existe em português.	tooth	tu:TH
	Ele é semelhante a um **s**, mas a língua		
	precisa tocar os dentes superiores.		
t/d	não pronunciar **ti** como *tchi* nem	tip	tip
	di como *dji*.		

ks	Tocar a ponta da língua no céu da boca. como o **x** de bo**x** e fa**x**	disk fax	disk fæks
DH	encostar a língua nos dentes superiores, como no **TH**, mas pronunciar um som semelhante a um **z ou d**.	this that	DHiss DHæt
w	w se pronuncia como o **u** em gra**u** ou como o **u** de **á**gua (semivogal)	well when would	wél wénn wud

Pronúncia do Alfabeto Inglês

A	ei	**N**	énn
B	bi:	**O**	ou
C	si:	**P**	pi:
D	di:	**Q**	kyu:
E	i:	**R**	a:
F	éf	**S**	éss
G	dji:	**T**	ti:
H	eitch	**U**	yu:
I	ai	**V**	vi:
J	djei	**W**	<u>da</u>bâlyu:
K	kei	**X**	éks
L	él	**Y**	wai
M	émm	**Z**	zéd

Expressões comuns

Saudações	10	Quem?/Qual?/De quem?	16
Problemas de comunicação	11	Como?	17
Perguntas	12	É...? Tem...?	17
Onde?	12	Posso? Podemos?	18
Quando?	13	O que deseja?	18
Que tipo de?	14	Outras palavras úteis	19
Quanto?	15	Exclamações	19
Por quê?	15		

O ESSENCIAL

Sim.	**Yes.** *yéss*
Não.	**No.** *nou*
Está bem.	**Okay.** *ou<u>kei</u>*
Por favor.	**Please.** *pli:z*
(Muito) obrigado.	**Thank you (very much).** *THæ̃nk yu: (<u>vé</u>ri match)*

Saudações/Desculpas Greetings/Apologies

Bom dia!/Olá!	**Hello!/Hi!** *hâ<u>lou</u>/hai*
Bom dia/Boa tarde	**Good morning/afternoon.** *gud <u>mó</u>:ning/a:ft<u>â</u>nu:nn*
Boa noite	**Good evening.** *gud <u>i:</u>vning*
Boa noite (na hora de dormir/despedida)	**Good night.** *gud nait*
Até logo	**Goodbye.** *gud<u>bai</u>*
Desculpe!	**Excuse me!** *ikskyu:z mi:*
Perdão!	**Sorry!** *<u>só</u>ri*
O que disse?	**What did you say?** *wót did yu: sei*
Foi sem querer.	**It was an accident.** *it wóz ânn æksidânt*
De nada/Não há de quê.	**Don't mention it.** *dount <u>mén</u>chânn it*
Não foi nada.	**Never mind.** *névâ maind*

APRESENTAÇÕES ➤ 118

Problemas de comunicação
Communication difficulties

Você fala português?	**Do you speak Portuguese?** *du: yu: spi:k pó:tchughi:z*
Há alguém aqui que fale português?	**Does anyone here speak Portuguese?** *daz éniwânn hia spi:k pó:tchughi:z*
Não sei falar inglês (direito).	**I don't speak (much) English.** *ai dount spi:k (match) inglich*
Você pode falar mais devagar?	**Could you speak more slowly?** *kud yu: spi:k mó: sslouli*
Você pode repetir?	**Could you repeat that?** *kud yu: ripi:t DHæt*
O que você disse?	**What did you say?** *wót did yu: sei*
Você pode soletrar?	**Could you spell it?** *kud yu: spél it*
Você pode escrever, por favor?	**Could you write it down, please?** *kud yu: rait it daunn, pli:z*
Você pode me traduzir isso?	**Could you translate this for me?** *kud yu: trænzleit DHiss fó: mi:*
O que isso quer dizer?	**What does this/that mean?** *wót daz DHiss/DHæt mi:nn*
Você pode me mostrar a expressão neste livro?	**Please point to the phrase in the book.** *pli:z póint tu DHâ freiz inn DHâ buk*
Entendi.	**I understand.** *ai andâstænd*
Não entendi. Entendeu?	**I don't understand.** *ai dount andâstænd* **Do you understand?** *du: yu: andâstænd*

– *That'll be thirteen pounds fifty.*
(São treze libras e cinqüenta.)
– Sorry, I don't understand. (Desculpe, não entendi.)
– *That'll be thirteen pounds fifty.*
(São treze libras e cinqüenta.)
– Could you write it down please? Ah… £13.50 pounds.
(Pode escrever, por favor? Ah! 13,50 libras.)

Perguntas Questions

GRAMÁTICA

A interrogação é formada com o verbo auxiliar **do/does** + sujeito + verbo no infinitivo.

He likes her. Does he like her?	Ele gosta dela. Ele gosta dela?
You see him. Do you see him?	Você o vê. Você o vê?

Com os verbos auxiliares, como ser (**to be**), ter (**to have**) e poder (**can**) inverte-se a posição do verbo e do sujeito:

Are you sure?	Tem certeza?
Have you seen him?	Você o viu?
Can you help me?	Pode me ajudar?

Onde? Where?

Onde você/o senhor vai?	**Where are you going?** wér ar yu: <u>gou</u>ing
Onde é?/Onde está?/Onde fica?	**Where is it?** wér iz it
no ponto de encontro	**at the meeting point** æt DHâ <u>mi:</u>ting póint
lá em baixo	**downstairs** <u>daun</u>stéaz
no Brasil	**in Brazil** inn brâ<u>zil</u>
aqui	**here** hia
no carro	**in the car** inn DHâ ka:
na Inglaterra	**in England** inn <u>in</u>glând
lá dentro	**inside** in<u>said</u>
perto do banco	**near the bank** nia DHâ bænk
ao lado das maçãs	**next to the apples** nékst tu Dhi æpâlz
em frente ao mercado	**opposite the market** <u>ó</u>pâzit DHâ <u>ma:</u>kit
à esquerda/à direita	**on the left/right** ónn DHâ léft/rait
lá (para lá)	**there (over there)** DHéa (<u>ouv</u>â DHéa)
no hotel	**to the hotel** tu DHâ hou<u>tél</u>
na direção de Londres	**towards London** tâ<u>wó:dz</u> <u>lan</u>dânn
em frente ao café	**in front of the café** inn frónt âv DHâ <u>kæ</u>fei
lá em cima	**upstairs** <u>ap</u>stéaz

Quando? When?

Quando abre o museu?	**When does the museum open?** *wénn daz DHâ myuzi:âmm oupânn*
Quando/A que horas chega o trem?	**When does the train arrive?** *wénn daz DHâ treinn âraiv*
faz 10 minutos	**ten minutes ago** *ténn minits âgou*
depois do almoço	**after lunch** *a:ftâ lantch*
sempre	**always** *ó:lweiz*
por volta da meia-noite	**around midnight** *âraund midnait*
às 7 horas	**at seven o'clock** *æt sévânn â klók*
antes da sexta-feira	**before Friday** *bifó: fraidi*
amanhã	**by tomorrow** *bai tâmórou*
cedo	**early** *â:li*
toda semana	**every week** *évri wi:k*
durante 2 horas	**for two hours** *fó: tu: auâz*
das 9 às 18 horas	**from nine a.m. to six p.m.** *frâmm nainn ei émm tu siks pi: émm*
imediatamente	**immediately** *imi:diâtli*
em 20 minutos	**in twenty minutes** *inn twénti minits*
nunca	**never** *névâ*
ainda não	**not yet** *nót yét*
agora	**now** *nau*
com freqüência	**often** *ófânn*
em 8 de março	**on March the 8th** *ónn ma:tch DHi eitTH*
em dias úteis	**on weekdays** *ónn wi:kdeiz*
às vezes	**sometimes** *samtaimz*
logo/daqui a pouco	**soon** *su:nn*
então/em seguida/depois	**then** *DHénn*
daqui a 2 dias	**within two days** *wiDHinn tu: deiz*

Que tipo de...? What sort of...?

Queria alguma coisa...	I'd like something...	aid laik samTHing
É...	It's...	its
agradável, bom/desagradável	**pleasant, nice/unpleasant**	plézânt, naiss/anplézânt
bonito/feio	**beautiful/ugly**	byu:tifâl/agli
barato/caro	**cheap/expensive**	tchi:p/ikspénsiv
bom/mau, ruim	**good/bad**	gud/bæd
quente/frio	**hot/cold**	hót/kould
delicioso/horrível	**delicious/revolting**	dilichâss/rivólting
estreito/largo	**narrow/wide**	nærou/waid
fácil/difícil	**easy/difficult**	i:zi/difikâlt
grande/pequeno	**big/small**	big/ssmó:l
jovem/velho	**young/old**	yang/ould
certo/errado	**right/wrong**	rait/róng
vago, vazio/ocupado	**vacant/occupied**	veikânt/ókyupaid
pesado/leve	**heavy/light**	hévi/lait
melhor/pior	**better/worse**	bétâ/wâ:ss
moderno/velho, fora de moda	**modern/old-fashioned**	módânn/ould-fæchând
aberto/fechado	**open/shut**	oupênn/chat
limpo/sujo	**clean/dirty**	kli:nn/dâ:ti
rápido/lento	**quick/slow**	kwik/sslou
silencioso/barulhento	**quiet/noisy**	kwaiât/nóizi
escuro/claro	**dark/light**	da:k/lait
vazio/cheio	**empty/full**	émpti/ful
velho/novo	**old/new**	ould/nyu:

GRAMÁTICA

O artigo definido (o, a, os, as) tem uma forma só: **the**
the room, the rooms   o quarto/a sala, os quartos/as salas

O artigo indefinido (um, uma, uns, umas) tem duas formas: **a** é empregado antes de consoante; **an** antes de vogal ou "h" mudo.
a coat, an umbrella, an hour   um casaco, um guarda-chuva, uma hora

Some indica quantidade ou número indefinidos:
I'd like some water, please.   Quero um pouco d'água, por favor.

Any é empregado em frases negativas e em vários tipos de interrogações.
There isn't any soap.   Não tem sabão.
Have you got any stamps?   Tem selos?

Quanto? How much/many?

Quanto é?	**How much is that?** *hau match iz DHæt*
Quanto tem?/Quantos há?	**How many are there?** *hau méni a: DHéa*
1/2/3	**one/two/three** *wann/tu:/THri:*
4/5	**four/five** *fó:/faiv*
nenhum(a)	**none** *nann*
umas 10 libras (peso)	**about ten pounds** *âbaut ténn paundz*
um pouco	**a little** *â litâl*
muito tráfego	**a lot of traffic** *â lót âv træfik*
suficiente	**enough** *inaf*
alguns	**a few** *â fyu:*
mais que isso	**more than that** *mó: DHænn DHæt*
menos que isso	**less than that** *léss DHænn DHæt*
mais nada	**nothing else** *naTHing élss*
demais	**too much** *tu: match*

Por quê? Why?

Por que isso?	**Why is that?** *wai iz DHæt*
Por que não?	**Why not?** *wai nót*
por causa do tempo	**because of the weather** *bikóz âv DHâ wéDHâ*
porque estou com pressa	**because I'm in a hurry** *bikóz aimm inn â hari*
Não sei por quê.	**I don't know why.** *ai dount nou wai*

Quem/Qual? Who?/Which?

Quem está aí?	**Who's there?**	hu:z DHéa
Sou eu!	**It's me!**	its mi:
Somos nós!	**It's us!**	its ass
alguém	**someone**	<u>sam</u>wann
ninguém	**no one**	<u>nou</u> wann
Qual você/o senhor deseja?	**Which one do you want?** witch wann du: yu: wónt	
um(a) assim	**one like this**	wann laik DHiss
aquele(a)/este(a)	**that one/this one** DHæt wann/DHiss wann	
aquele(a) não	**not that one**	nót DHæt wann
alguma coisa	**something**	<u>sam</u>THing
nada/nenhum(a)	**nothing/none**	<u>na</u>THing/nann

De quem? Whose?

De quem é isso?	**Whose is that?**	hu:z iz DHæt
É...	**It's...**	its
meu/nosso/de vocês, dos senhores	**mine/ours/yours**	mainn/<u>auâ</u>z/yó:z
dele/dela/deles, delas	**his/hers/theirs**	hiz/hâ:z/DHéaz
É... vez.	**It's... turn.**	its... tâ:nn
minha/nossa/sua	**my/our/your**	mai/<u>auâ</u>/yó:
dele/dela/deles, delas	**his/her/their**	hiz/hâ:/DHéa

GRAMÁTICA

Os pronomes

				Pessoal 1	Possessivo 2
singular					
1ª pessoa		I	me	my	mine
2ª pessoa		you	you	your	yours
3ª pessoa	(masc.)	he	him	his	his
	(fem.)	she	her	her	hers
	(neutro)	it	it	its	
plural					
1ª pessoa		we	us	our	ours
2ª pessoa		you	you	your	yours
3ª pessoa		they	them	their	theirs

Nota: O inglês nâo distingue a forma de tratamento. Logo, o pronome **you** significa tanto "você" quanto "o senhor", "a senhora". A forma 1 do possessivo corresponde a "meu" "seu" etc.; a forma 2, a "o meu", "o seu" etc.

Como? How?

Como quer pagar?	**How would you like to pay?** *hau wud yu: laik tu pei*
com cartão de crédito	**by credit card** *bai krédit ka:d*
Como você chegou aqui?	**How are you getting here?** *hau ar yu: ghéting hia*
de carro	**by car** *bai ka:*
por acaso	**by chance** *bai tcha:ns*
igualmente	**equally** *i:kwâli*
extremamente	**extremely** *ikstri:mli*
a pé	**on foot** *ónn fut*
rápido/depressa	**quickly** *kwikli*
devagar/lentamente	**slowly** *sslouli*
depressa demais	**too fast** *tu: fa:st*
totalmente	**totally** *toutâli*
muito	**very** *véri*
com um(a) amigo(a)	**with a friend** *wiDH â frénd*
sem passaporte	**without a passport** *wiDHaut â pa:sspó:t*

É...?/Tem...? Is it...?/Are there...?

É...?	**Is it...?** *iz it*
É gratuito?	**Is it free?** *iz it fri:*
Não está pronto.	**It isn't ready.** *it iznânt rédi*
Tem...? Há...?	**Is there...?/Are there...?** *iz DHéa/a: DHéa*
Há ônibus para a cidade?	**Are there buses into town?** *a: DHéa bassiz intu taunn*
Está aqui/Estão aqui.	**Here it is/they are.** *hir it iz/hia DHei a:*
Lá está/Lá estão.	**There it is/they are.** *DHéar it iz/DHei a:*

Posso? Podemos? Can?

Pode me trazer/me arranjar...?	**Can I have...?** kænn ai hæv
Pode nos trazer/nos arranjar...?	**Can we have...?** kænn wi: hæv
Pode me dizer...?	**Can you tell me...?** kænn yu: tél mi:
Pode me ajudar?	**Can you help me?** kænn yu: hélp mi:
Posso ajudá-lo?	**Can I help you?** kænn ai hélp yu:
Pode me mostrar o caminho para...?	**Can you direct me to...?** kænn yu: dairékt mi: tu
Não sei.	**I can't.** ai ka:nt

O que deseja?
What do you want?

Eu queria...	**I'd like...** aid laik
Pode me trazer/me arranjar...?	**Can I have...?** kænn ai hæv
Nós queremos...	**We'd like...** wi:d laik
Me dê...	**Give me...** ghiv mi:
Estou procurando...	**I'm looking for...** aimm luking fó:
Preciso...	**I need to...** ai ni:d tu
ir...	**go...** gou
achar...	**find...** faind
ver...	**see...** si:
falar com...	**speak to...** spi:k tu

– Excuse me! (Com licença!)
– Yes? (Sim?)
– Can you help me? (Pode me ajudar?)
– Yes, certainly. (Sim, claro.)
– I'd like to speak to Mr Smith, please.
(Gostaria de falar com o Sr. Smith, por favor.)
– One moment, please. (Um momento, sim?)

Outras palavras úteis
Other useful words

felizmente	**fortunately**	_fó:tyu_:nâtli
espero que...	**hopefully**	_houp_fâli
é claro	**of course**	âv kó:ss
talvez	**perhaps**	pâ_hæps_
provavelmente	**probably**	_pró_bâbli
infelizmente	**unfortunately**	annf_ó:tchu_:nâtli

Expressões Exclamations

Finalmente!	**At last!**	æt la:st
Continue.	**Carry on.**	_kæri_ ónn
Droga!	**Damn!**	dæmm
Meu Deus!	**Good God!**	gud gód
Não foi nada.	**I don't mind.**	ai dount maind
Você deve estar brincando.	**You must be joking!**	yu: mast bi: _djou_king
É mesmo?	**Really?**	_r_iali
Que bobagem!	**Rubbish!**	_r_abich
Basta!	**That's enough!**	DHætss in_af_
É verdade.	**That's true.**	DHæts tru:
Nossa!	**Well, I never!**	wél ai _né_vâ
Como vai?	**How are things?**	hau a: THingz
Bem, obrigado(a).	**Fine, thank you.**	fainn, THænk yu:
maravilhoso	**brilliant**	_bril_yânt
ótimo	**great**	greit
muito bem	**fine**	fainn
nada mal	**not bad**	nót bæd
bem	**okay**	ou_kei_
não muito bem	**not good**	nót gud
mal	**fairly bad**	_féa_li bæd
(sinto-me) péssimo	**(I feel) terrible**	(ai fi:l) _té_ribâl

Hospedagem

Reservas	21	Necessidades gerais	26
Recepção	22	Locação de imóvel	28
Preço	24	Albergue da juventude	29
Decisão	24	Acampamento	30
Problemas	25	Partida	32

Há muita variedade de hospedagem, do quarto simples numa casa ao hotel de luxo numa antiga mansão. Se você não fez reservas antecipadas, pode fazê-las em qualquer órgão oficial de auxílio ao turista (**tourist information office**).

Hotels Hotéis *houtélz*
A hospedagem num hotel (**hotel**) na Grã-Bretanha pode custar muito mais que no Brasil. O **English Tourist Board** (**ETB**) atribui aos hotéis 1 a 5 coroas (**crowns**) pelas instalações e várias qualificações (**Approved, Commended, Highly Commended, Deluxe**), de acordo com a qualidade do serviço. Verique se o preço anunciado é por quarto ou por pessoa. O café da manhã pode estar incluso no preço ou ser cobrado à parte. Para um café da manhã à moda européia, como se usa no Brasil, peça um **continental breakfast**.

Bed and Breakfast (B&B) *béd ând brékfâst (bi: ând bi:)*
Nos B&B, você se hospeda numa casa que lhe oferece literalmente "cama" e "café da manhã". Encontra-se esse tipo de hospedagem em toda a Inglaterra, na cidade, no campo e perto dos pontos turísticos.

Guesthouse *guést hauss*
É uma pensão familiar e em geral oferece mais quartos que um B&B e a possibilidade de jantar no local.

Camping *kǽmping*
Há locais próprios (campings) para acampamento em barracas e trêileres pelo país todo, principalmente perto do litoral e em torno dos grandes centros. Há folhetos com a lista de locais e de instalações à disposição nos órgãos de auxílio ao turista.

Youth Hostels *yu:TH hóstâlz*
Para se hospedar nos albergues da juventude britânicos, faça reservas com bastante antecedência. É preferível filiar-se à entidade antes da viagem.

Cottages *kótidjiz*
O órgão oficial de auxílio ao turista pode informar as melhores imobiliárias para locação.

Reservas Booking
Antecipadas In advance

Pode me/nos indicar um hotel em...?	**Can you recommend a hotel in...?** *kænn yu: rékâménd â houtél inn*
Fica perto do centro da cidade?	**Is it near the centre of town?** *iz it nia DHâ séntâr âv taunn*
Quanto custa o pernoite/a diária?	**How much is it per night?** *hau match iz it pâ: nait*
Há algum mais barato?	**Is there anything cheaper?** *iz DHér éniTHing tchi:pâ*
Pode me reservar um quarto, por favor?	**Can you reserve me a room there, please?** *kænn yu: rizâ:v mi: â ru:mm DHéa pli:z*
Como chego aí?	**How do I get there?** *hau du: ai ghét DHéa*

No hotel At the hotel

Tem apartamentos/quartos disponíveis?	**Have you got any vacancies?** *hæv yu: gót éni veikânsiz*
Desculpe, estamos lotados.	**I'm sorry, we're full.** *aimm sóri, wia ful*
Existe outro hotel aqui perto?	**Is there another hotel nearby?** *iz DHér ânaDHâ houtél niabai*
Quero um quarto de solteiro/de casal, para dois.	**I'd like a single/double room.** *aid laik â singâl/dabâl ru:mm*
Quero um quarto com...	**I'd like a room with...** *aid laik â ru:mm wiDH*
duas camas	**twin beds** *twinn bédz*
cama de casal	**a double bed** *â dabâl béd*
banheira/chuveiro	**a bath/shower** *â ba:TH/chauâ*

– Have you got any rooms available? I'd like a double room.
(Tem quartos disponíveis? Quero um quarto de casal.)
– *I'm sorry, we're full.* (Desculpe, estamos lotados.)
– Oh. Is there another hotel nearby?
(Oh, existe algum hotel aqui perto?))
– *Yes. The Royal Hotel is not far from here.*
(Sim. O Hotel Royal não fica longe daqui.)

Recepção Reception

Fiz uma reserva.	**I have a reservation.** *ai hæv â rézâveichânn*
Eu me chamo...	**My name is...** *mai neimm iz*
Reservamos um quarto de casal e um quarto de solteiro.	**We've reserved a double and a single room.** *wi:v rizâ:vd â dabâl ând â singâl ru:mm*
Confirmei por e-mail.	**I confirmed my reservation by e-mail.** *ai kânfâ:md mai rézâveichânn bai i:meil*
Podemos ficar em quartos vizinhos?	**Could we have adjoining rooms?** *kud wi: hæv âdjóining ru:mz*

Serviços e instalações Amenities and facilities

Tem... no quarto?	**Is there... in the room?** *iz DHéa... inn DHâ ru:mm*
ar-condicionado	**air conditioning** *éa kândichâning*
televisão/telefone	**a television/a telephone** *â télivijânn/â télifounn*
O hotel tem...?	**Has the hotel got...?** *hæz DHâ houtél gót*
televisão a cabo	**cable television** *keibâl télivijânn*
serviço de lavanderia	**a laundry service** *â ló:ndri sâ:viss*
terraço	**a solarium** *â sâlé:riâmm*
piscina	**a swimming pool** *â swiming pu:l*
Pode colocar... no quarto?	**Could you put... in the room?** *kud yu: put... inn DHâ ru:mm*
uma cama a mais	**an extra bed** *ânn ékstrâ béd*
um berço	**a cot** *â kót*
Há instalações/serviços para crianças/pessoas deficientes?	**Have you got facilities for children/the disabled?** *hæv yu: gót fâsilitiz fó: tchildrânn/DHâ disseibâld*

Quanto tempo? How long?

Ficaremos...	**We'll be staying...** *wi:l bi: steiying*
somente uma noite	**overnight only** *ouvânait ounnli*
alguns dias	**a few days** *â fyu: deiz*
uma semana (pelo menos)	**a week (at least)** *â wi:k (æt li:st)*
Gostaria de ficar mais uma noite.	**I'd like to stay an extra night.** *aid laik tu stei ânn ékstrâ nait*
O que isso quer dizer?	**What does this mean?** *wót daz DHiss mi:nn*

– Hello, my name is João Gonçalves.
(Olá, meu nome é João Gonçalves.)
– Hello, Mr Gonçalves. (Bom dia, Sr. Gonçalves.)
– I'd like to stay for two nights.
(Vou ficar duas noites.)
– Certainly. Can you fill in this form, please?
(Perfeito. Pode preencher esta ficha, por favor?)

Can I see your passport, please?	Posso ver seu passaporte, por favor?
Can you fill in this form?	Pode preencher esta ficha/ este formulário?
What is your car registration number?	Qual é a placa do seu carro?

ROOM ONLY £...	quarto apenas £...
BREAKFAST INCLUDED	café da manhã incluído
MEALS	refeições
NAME/FIRST NAME	sobrenome/nome
HOME ADDRESS/ STREET/NUMBER	residência/ rua/número
NATIONALITY/PROFESSION	nacionalidade/profissão
DATE/PLACE OF BIRTH	data/local de nascimento
PASSPORT NUMBER	número do passaporte
CAR REGISTRATION NUMBER	número da placa do carro
PLACE/DATE	lugar/data
SIGNATURE	assinatura

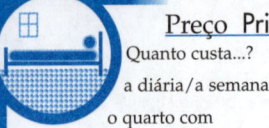

Preço Price

Quanto custa...?	**How much is it...?** *hau match iz it*
a diária/a semana	**per night/week** *pâ: nait/wi:k*
o quarto com café da manhã	**for bed and breakfast** *fó: béd ând brékfâst*
sem refeições	**excluding meals** *iksklu:ding mi:lz*
pensão completa	**for full board** *fó: ful bó:d*
meia pensão	**for half board** *fó: ha:f bó:d*
O preço inclui...?	**Does the price include...?** *daz DHâ praiss inklu:d*
café da manhã	**breakfast** *brékfâst*
os impostos	**VAT** *vi: ei ti:*
Preciso deixar um depósito?	**Do I have to pay a deposit?** *du: ai hæv tu pei â dipózit*
Há desconto para crianças?	**Is there a discount for children?** *iz DHér â diskaunt fó: tchildrânn*

Decisão Decision

Posso ver o quarto?	**Can I see the room?** *kænn ai si: DHâ ru:mm*
É bom. Fico com ele.	**That's fine. I'll take it.** *DHæts fainn. ail teik it*
É muito...	**It's too...** *its tou:*
escuro/pequeno	**dark/small** *da:k/ssmó:l*
barulhento	**noisy** *nóizi*
Tem algum...	**Have you got anything...?** *hæv yu: gót éniTHing*
maior/mais barato	**bigger/cheaper** *bigâ/tchi:pâ*
mais calmo/mais quente	**quieter/warmer** *kwaiâtâ/wó:mâ*
Não, não fico com ele.	**No, I won't take it.** *nou, ai wounnt teik it*

Problemas Problems

O/A... não funciona.	**The... doesn't work.** *DHâ... dazânt wâ:k*
ar-condicionado	**air conditioning** *éa kândichâning*
ventilador	**fan** *fænn*
aquecimento	**heating** *hi:ting*
luz	**light** *lait*
Não consigo ligar/desligar o aquecimento.	**I can't turn the heating on/off.** *ai ka:nt tâ:nn DHâ hi:ting ónn/óf*
Não tem água quente/papel higiênico.	**There is no hot water/toilet paper.** *DHér iz nou hót wó:tâ/tóilit peipâ*
A torneira está vazando.	**The tap is dripping.** *DHâ tæp iz driping*
A pia/O vaso sanitário está entupido(a).	**The sink/toilet is blocked.** *DHâ sink/tóilit iz blókt*
A janela/porta está emperrada.	**The window/door is jammed.** *DHâ windou/dór iz djæmd*
Meu quarto não foi arrumado.	**My room has not been made up.** *mai ru:mm hæz nót bi:nn meid ap*
O/A/Os/As... está/estão quebrado(a)(s).	**The... is/are broken.** *DHâ... iz/a: broukânn*
toldo/cortinas/persianas	**blinds** *blaindz*
fechadura	**lock** *lók*
Há insetos em nosso quarto.	**There are insects in our room.** *DHér a:r insékts inn auâ ru:mm*

Ação Action

Pode cuidar disso?	**Could you have that seen to?** *kud yu: hæv DHæt si:nn tu*
Quero mudar de quarto.	**I'd like to move to another room.** *aid laik tu mu:v tu ânaDHâ ru:mm*
Quero falar com o gerente.	**I'd like to speak to the manager.** *aid laik tu spi:k tu DHâ mænidjâ*

Necessidades gerais Requirements

Em todo o país, a voltagem é de 240 volts, 50 Hz, corrente alternada.

As tomadas são de três saídas. É preciso pressionar um pequeno interruptor vermelho na parte de cima para ligar a corrente elétrica.

É melhor levar um adaptador (benjamim) caso queira usar seus próprios aparelhos elétricos. Nas free shops e nos aeroportos são vendidos esses adaptadores.

Sobre o hotel About the hotel

Onde fica o/a...?	**Where's the...?** *wéaz DHâ*
elevador	**lift** *lift*
bar	**bar** *ba:*
chuveiro	**shower** *cha<u>u</u>â*
estacionamento	**car park** *ka: pa:k*
piscina	**swimming pool** *<u>swi</u>ming pu:l*
refeitório/sala de jantar	**dining room** *<u>dai</u>ning ru:mm*
banheiro	**bathroom** *<u>ba:TH</u>ru:mm*
quadro de avisos da agência de viagens	**tour operator's notice board** *tur óp<u>â</u>r<u>ei</u>tâz <u>nou</u>tiss bó:d*
Onde fica o toalete?	**Where are the toilets?** *wér a: DHâ <u>tói</u>lits*
A que horas fecha a porta de entrada?	**What time is the front door locked?** *wót taimm iz DHâ frant dó: lókt*
A que horas servem o café da manhã?	**What time is breakfast served?** *wót taimm iz <u>brék</u>fâst sâ:vd*
Há serviço de quarto?	**Is there room service?** *iz DHéa ru:mm <u>sâ:</u>viss*

DIAL... FOR AN OUTSIDE LINE	discar... para ligar para fora
DO NOT DISTURB	não perturbe
FIRE DOOR	porta corta-fogo
SHAVERS ONLY	tomada apenas para barbeadores
EMERGENCY EXIT	saída de emergência

Necessidades pessoais Personal needs

A chave do quarto..., por favor.	**The key to room..., please.** *DHâ ki: tu ru:mm... pli:z*
Perdi a minha chave.	**I've lost my key.** *aiv lóst mai ki:*
Fiquei trancado do lado de fora.	**I've locked myself out.** *aiv lókt mai<u>sélf</u> aut*
Pode me acordar às...?	**Could you wake me at...?** *kud yu: weik mi: æt*
Quero o café da manhã no quarto, por favor.	**I'd like breakfast in my room, please.** *aid laik <u>brék</u>fâst inn mai ru:mm pli:z*
Posso deixar isso no cofre do hotel?	**Can I leave this in the hotel safe?** *kænn ai li:v DHiss inn DHâ hou<u>tél</u> seif*
Posso pegar minhas coisas no cofre?	**Could I have my things from the safe?** *kud ai hæv mai THingz frâmm DHâ seif*
Onde está?/Onde fica...?	**Where is...?** *wér iz*
o representante da nossa excursão	**our tour representative** *auâ tua réprê<u>zén</u>tâtiv*
a arrumadeira	**the maid** *DHâ meid*
Pode me arranjar um/uma/ alguns/algumas... (a mais)?	**Can I have a(n) (extra)...?** *kænn ai hæv â(nn) (<u>ék</u>strâ)*
toalha de banho	**bath towel** *ba:TH <u>tau</u>âl*
cobertor	**blanket** *<u>blæn</u>kit*
cabide	**hanger** *<u>hæn</u>gâ*
travesseiro	**pillow** *<u>pi</u>lou*
sabonete	**soap** *soup*

Correio e telefone Post and telephone

Há cartas para mim?	**Is there any post for me?** *iz DHér éni poust fó: mi:*
Há recados para mim?	**Are there any messages for me?** *a: DHér éni <u>mé</u>sidjiz fó: mi:*

CAFÉ DA MANHÃ ➤ 43; CÂMBIO ➤ 138

Locação de Imóvel Self-catering

Reservamos um apartamento/ uma casa em nome de	**We've reserved an apartment/ cottage in the name of...** wi:v rizâ:vd ânn âpa:tmânnt/kótidj inn DHâ neimm âv
Onde pegamos as chaves?	**Where do we pick up the keys?** wéa du: wi: pik ap DHâ ki:z
Onde fica o/a...?	**Where is the...?** wér iz DHâ/DHi
relógio de luz	**electricity meter** iléktrisiti mi:tâ
caixa de fusíveis	**fuse box** fyu:z bóks
registro de água	**stopcock** stópkók
aquecedor de água	**water heater** wó:tâ hi:tâ
Há... sobressalentes?	**Are there any spare...?** a: DHér éni spéa
fusíveis	**fuses** fyu:ziz
bujões de gás	**gas bottles** gæss bótâlz
lençóis	**sheets** chi:ts
Em que dia vem a faxineira?	**Which day does the cleaner come?** witch dei daz DHâ kli:nâ kamm
Onde/Quando devo colocar o lixo?	**Where/When do I put out the rubbish?** wéa/wénn du: ai put aut DHâ rabich

Problemas?

Onde encontro você/ o senhor/a senhora?	**Where can I contact you?** wéa kænn ai kontækt yu:
Como funciona o fogão/ o aquecedor de água?	**How does the cooker/water heater work?** hau daz DHâ kukâ/wó:tâ hi:tâ wâ:k
O/A/Os/As... está/estão sujo(a)(s).	**The... is/are dirty.** DHâ... iz/a: dâ:ti
O/A... está quebrado.	**The... has broken down.** DHâ... hæz broukânn daunn
Quebramos/perdemos...	**We have broken/lost...** wi: hæv broukânn/lóst

PRODUTOS DOMÉSTICOS, LIMPEZA ➤ 149

Palavras úteis — Useful terms

chaleira	**kettle**	_ké_tâl
panela	**saucepan**	_só:ss_pânn
boiler	**boiler**	_bói_lâ
congelador	**freezer**	_fri:_zâ
talheres	**cutlery**	_katl_âri
fogão	**cooker**	_ku_kâ
abajur	**lamp**	læmp
máquina de lavar	**washing machine**	_wó_ching mâ_chi:_nn
papel higiênico	**toilet paper**	_tói_lit peipâ
frigideira	**frying pan**	_frai_-ing pænn
geladeira	**fridge**	fridj
louça	**crockery**	_kró_kâri

Cômodos Rooms

varanda	**balcony**	_bæl_kâni
banheiro	**bathroom**	_ba:THru:_mm
quarto de dormir	**bedroom**	_bé_dru:mm
sala de jantar	**dining room**	_dai_ning ru:mm
cozinha	**kitchen**	_kit_chinn
sala de estar	**living room**	_liv_ing ru:mm
toalete/WC	**toilet**	_ttói_lit

Albergue da juventude Youth hostel

Ainda tem vaga para esta noite? **Do you have any places left for tonight?**
*du: yu: hæv éni pleissiz léft fó: tâ_nait_*

Alugam roupa de cama? **Do you rent bedding?**
du: yu: rént _bé_ding

A que horas fecham as portas? **What time are the doors locked?**
wót taimm a: DHâ dó:z lókt

Tenho uma carteirinha de estudante internacional. **I have an International Student Card.**
ai hæv ânn inntânæchânâl styu:dânnt ka:d

NECESSIDADES GERAIS ➤ *26*; *ACAMPAMENTO* ➤ *30*

Acampamento Camping

Os locais de *camping* para barracas e trêileres são numerosos e não muito caros na Inglaterra. Os equipamentos e as instalações variam. O órgão oficial de auxílio aos turistas distribui aos campistas um mapa (gratuito) que indica a localização dos *campings* e os serviços oferecidos.

Registro Checking in

Há algum *camping* aqui perto?	**Is there a camp site near here?** iz DHér â kæmp sait nia hia
Tem lugar para uma barraca/ um trêiler?	**Do you have space for a tent/caravan?** du: yu: hæv sspeiss fór â tént/<u>kæ</u>râvænn
Qual é o preço...?	**What is the charge…?** wót is DHâ tcha:dj
da diária/da semana	**per day/week** pâ: dei/wi:k
de uma barraca/carro	**for a tent/car** fór â tént/ka:
de um trêiler	**for a caravan** fór â <u>kæ</u>râvænn

Equipamentos e instalações Facilities

É possível cozinhar no local?	**Are there cooking facilities on site?** a: DHé: <u>ku</u>king fâ<u>si</u>litiz ónn sait
Há instalações elétricas/ tomadas?	**Are there any electric outlets/power points?** a: DHér <u>é</u>ni i<u>lék</u>trik <u>aut</u>léts/ <u>pauâ</u> póints
Onde fica/ficam o/a/os/as...?	**Where is/are the…?** wér iz/a: DHâ
água potável	**drinking water** <u>drinking</u> <u>wó:</u>tâ
latas de lixo	**dustbins** <u>dast</u>binnz
tanques/máquinas de lavar	**laundry facilities** <u>ló:</u>ndri fâ<u>si</u>litiz
chuveiros	**showers** <u>chau</u>âz
Onde consigo gás de cozinha?	**Where can I get some butane gas?** wéa kænn ai ghét samm byu:<u>teinn</u> gæss

NO CAMPING	proibido acampar
DRINKING WATER	água potável
NO FIRES/BARBECUES	proibido fogueiras/churrascos

RESERVAS ➤ 21; DURAÇÃO DA ESTADIA ➤ 23

Reclamações Complaints

Há sol/sombra/gente demais aqui	**It's too sunny/shady/crowded here.** *its tu: sani/cheidi/kraudid hia*
O chão é duro/irregular demais.	**The ground's too hard/uneven.** *DHâ graundz tu: ha:d/ani:vânn*
Tem um lugar mais plano?	**Have you got a more level spot?** *hæv yu: gót â mó: lévâl spót*
Não pode acampar aqui.	**You can't camp here.** *yu: ka:nt kæmp hia*

Material de acampamento Camping equipment

fósforos	**matches** *mætchiz*
carvão	**charcoal** *tcha:koul*
cabo (corda) de barraca	**guy rope** *gai roup*
gás de cozinha	**butane gas** *byu:teinn gæss*
haste de barraca	**tent pole** *tént poul*
lanterna elétrica	**torch** *tó:tch*
cama de campanha	**campbed** *kæmpbéd*
maceta	**mallet** *mælit*
martelo	**hammer** *hæmâ*
colchão (inflável)	**(air) mattress** *(éa) mætriss*
querosene	**paraffin** *pærâfinn*
espeques de barraca	**tent pegs** *tént pégz*
fogareiro	**primus stove** *praimâs stouv*
mochila	**rucksack** *raksæk*
saco de dormir	**sleeping bag** *sli:ping bæg*
barraca	**tent** *tént*
isolante térmico	**groundsheet** *graundchi:t*

Partida Checking out

A que horas devemos liberar o quarto?
What time do we need to vacate the room? *owót taimm du: wi: ni:d tu vâkeit DHâ ru:mm*

Podemos deixar a nossa bagagem aqui até as... horas da noite?
Could we leave our luggage here until... p.m.? *kud wi: li:v auâ laghidj hir ânntil... pi: émm*

Estou de partida.
I'm leaving now. *aimm li:ving nau*

Podem me chamar um táxi, por favor?
Could you order me a taxi, please? *kud yu: ó:dâ mi: â tæksi pli:z*

Foi uma ótima estadia.
It's been a very enjoyable stay. *its bi:nn â véri indjóiâbâl stei*

Pagamento Paying

A conta, por favor.
Can I have my bill, please? *kænn ai hæv mai bil pli:z*

Acho que há um erro nesta conta.
I think there's a mistake in this bill. *ai THink DHéaz â misteik inn DHiss bil*

Dei... telefonemas.
I've made... telephone calls. *aiv meid... télifounn kó:lz*

Consumi... do frigobar.
I've taken... from the minibar. *aiv teikânn... frâmm DHâ miniba:*

Podem me dar uma nota detalhada?
Can I have an itemized bill? *kænn ai hæv ânn aitâmaizd bil*

Podem me dar um recibo?
Could I have a receipt? *kud ai hæv â risi:t*

Gorjeta: um complemento de 10% a 15% pelo serviço costuma estar incluído na conta dos hotéis e restaurantes. Mas, se você estiver muito satisfeito, talvez queira acrescentar mais alguma coisa. Eis algumas sugestões:

Carregador: 50p–80p por mala

Serviço de quarto, por semana: 5–10 £

Garçom: facultativo

À mesa

Restaurantes	33	Sopas/Saladas	44
Culinária inglesa	34	Peixes e frutos do mar	45
Procurando um restaurante	35	Carnes	46
Reservas	36	Verduras e legumes	47
Pedidos	37	Queijo e sobremesa	48
Lanches/Café	40	Bebidas	49
Reclamações	41	Cerveja/Sidra	49
Pagamento	42	Uísque/Outras bebidas	50
Pratos	43	Bebidas com baixo teor alcoólico	51
Café da manhã	43		
Entradas	43	Glossário de alimentação	52

Restaurantes Restaurants

Restaurant *réstârónt*
Há algumas décadas, os turistas que visitavam a Grã-Bretanha achavam que só havia restaurantes indianos ou casas de **fish and chip**. Encontramos lanchonetes modernas, pizzarias, cafés, bistrôs, creperias, pois a cozinha britânica está cada vez mais internacional.

Café *kæfei*
São baratos e servem de tudo, de um simples petisco a refeições completas. Muitos desses cafés oferecem alimentos já prontos.

Fish and chip shop *fich ând tchip chóp*
O que distingue estes estabelecimentos, quer vendam apenas refeições para viagem, quer sirvam refeições no local, é o peixe frito com batatas também fritas.

Pub *pab*
O tradicional *pub* inglês melhorou bastante nas últimas décadas. Há dois tipos de *pub*: os anexos às grandes cervejarias e que, portanto, servem as cervejas dessa fábrica, e as **free houses**, ou seja, pubs cujas instalações pertencem ao proprietário e que podem servir todo tipo de cerveja.

Tea room _ti:ru:mm_
Mais comuns nas cidades menores que nas metrópoles, nessas casas de chá pode-se tomar chá ou café com doces e salgados entre as refeições.

Wine bar _wainn ba:_
Muito apreciados pelos jovens e pelos que buscam a ascensão social, esses estabelecimentos são especializados na venda de vinhos; o almoço é a refeição principal.

Hora das refeições Meal times

Breakfast _brékfâst (café da manhã)_
Embora haja o café da manhã **continental style**, ao estilo europeu (suco de frutas, pãezinhos ou torradas e café), o café da manhã inglês tradicional costuma incluir suco de fruta, flocos de cereal, ovos, bacon, salsicha, chouriço, batatas fritas, pão frito, torrada com manteiga e geléia e café ou chá.

Lunch _lantch (almoço)_
Servido do meio-dia às 14h30, em geral o almoço inglês é rápido e bem leve: um sanduíche comprado na **sandwich shop** etc. Os *pubs* e os albergues do interior servem um "almoço de domingo" (**Sunday roast**), com rosbife acompanhado de **Yorkshire pudding** – tipo de bolinho assado de massa de panqueca –, legumes cozidos, molho de carne e sobremesa.

Dinner _dinâ (jantar)_
Em geral é uma refeição bem servida; os restaurantes recebem os clientes entre 19h30 e 22h30, no máximo, com exceção dos restaurantes da moda nas grandes cidades. É aconselhável telefonar antes para confirmar o horário de funcionamento.

Tea Time _ti:taimm (hora do chá)_
O costume de tomar uma xícara de chá com leite entre 5h30 e 16h30 em grande parte ainda persiste. Quando o chá é servido com sanduíche ou torta, é chamado **afternoon tea**.

Culinária inglesa
Na Inglaterra existem restaurantes de todas as nacionalidades. Há diversos restaurantes de pratos típicos da cozinha inglesa. Você poderá encontrar pratos como: mackerel defumado (peixe parecido com a cavalinha) e os folheados de carne e legumes (**Cornish Pasties**), da Cornualha, a sidra e o queijo *cheddar* de Somerset, as maçãs e ameixas de Kent, o cordeiro e as enguias chamadas **elvers** nas omeletes do País de Gales, a carne bovina e o **kedgeree** (tipo de risoto de peixe) da Escócia, o uísque da Irlanda do Norte, o **clotted cream** (creme azedo) nos **scones** de Devon, para citar apenas algumas opções.

O ESSENCIAL

Uma mesa para 1/2/3/4	**A table for one/two/three/four** â *teibâl* fó: wann/tu:/THri:/fó:
Obrigado.	**Thank you.** THænk yu:
A conta, por favor.	**The bill, please.** DHâ bil pli:z

Procurando um restaurante
Finding a place to eat

Pode me/nos recomendar um bom restaurante?	**Can you recommend a good restaurant?** kænn yu: rékâ*ménd* â gud *réstârónt*
Há um restaurante… aqui perto?	**Is there a… restaurant near here?** iz DHér â… *réstârónt* <u>nia</u> <u>hia</u>
tradicional	**traditional** *trâdichânâl*
chinês	**Chinese** tchaini:z
indiano	**Indian** *indiânn*
francês	**French** fréntch
grego	**Greek** gri:k
italiano	**Italian** i*tæ*liânn
turco	**Turkish** *tâ:*kich
barato	**inexpensive** inik*spénsiv*
vegetariano	**vegetarian** védji*tériânn*
Onde encontro um/uma…?	**Where can I find a…?** wé: kænn ai faind â
barraquinha de hambúrguer	**hamburger stand** *hæm*bâ:gâ stænd
café	**café** *kæfei*
café/restaurante com jardim/ terraço	**café/restaurant with a beer garden** *kæfei*/*réstârónt* wiDH â *bia* *ga:*dânn
lanchonete	**fast-food restaurant** fa:st-fu:d *réstârónt*
casa de chá	**tea room** ti: ru:mm
pizzaria	**pizzeria** pi:tsâ*ri:*â
churrascaria	**steak house** steik hauss

COMO PERGUNTAR O CAMINHO ➤ 94

Reservas Reservations

Quero reservar uma mesa para dois.	**I'd like to reserve a table for two.** *aid laik tu riză:v â teibâl fó: tu:*
Para esta noite/amanhã às… horas.	**For this evening/tomorrow at…** *fó: DHiss i:vning/tâmórou æt*
Chegaremos às oito.	**We'll come at eight o'clock.** *wi:l kamm æt eit â klók*
Uma mesa para dois, por favor.	**A table for two, please.** *â teibâl fó: tu: pli:z*
Fizemos reserva.	**We have a reservation.** *wi: hæv â rézâveichânn*

What's the name, please?	Sobrenome, por favor?
I'm sorry. We're very busy/full up.	Desculpe, estamos muito cheios/lotados.
We'll have a free table in … minutes.	Teremos uma mesa vaga em… minutos.
Come back in… minutes.	Volte daqui a… minutos.

Onde sentar-se Where to sit

Podemos nos sentar…?	**Could we sit…?** *kud wi: sit*
ali	**over there** *ouvâ DHéa*
fora	**outside** *autsaid*
no setor de não-fumantes	**in a non-smoking area** *inn â nónn-ssmouking érlâ*
perto da janela	**by the window** *bai DHâ windou*
Fumante ou não-fumante?	**Smoking or non-smoking?** *ssmouking ó: nónn-ssmouking*

– I'd like to reserve a table for this evening.
(Gostaria de reservar uma mesa para esta noite.)
– For how many people? (Para quantas pessoas?)
– Four, please. (Quatro, por favor.)
– What time will you be arriving? (A que horas vão chegar?)
– At eight o'clock. (Às oito.)
– What's the name, please? (Sobrenome, por favor?)
– Gonçalves. (Gonçalves.)
– Ok. We'll look forward to seeing you this evening.
(Está bem. Até a noite.)

HORAS ➤ 220; NÚMEROS ➤ 216

Pedidos Ordering

Garçom!/Garçonete!	**Waiter!/Waitress!** <u>weitâ</u>/<u>wei</u>triss
A carta de vinhos, por favor.	**Can I see the wine list, please?** kænn ai si: DHâ wainn list pli:z
Tem um cardápio fixo?	**Have you got a set menu?** hæv yu: gót â sét ményu:
Pode me/nos recomendar um prato típico?	**Can you recommend some typical local dishes?** kænn yu: rekâ<u>ménd</u> samm <u>ti</u>pikâl <u>lou</u>kâl <u>di</u>chiz
Pode me dizer o que é...?	**Could you tell me what... is?** kud yu: tél mi: wót... iz
Quais os ingredientes?	**What's in it?** wóts inn it
Que tipo de... vocês têm?	**What kind of... have you got?** wót kaind âv... hæv yu: gót
Eu queria...	**I'd like...** aid laik
Eu quero...	**I'll have...** ail hæv
uma garrafa/um copo/ uma jarra de...	**a bottle/glass/carafe of...** â <u>bó</u>tâl/gla:ss/kâ<u>ræf</u> âv

Are you ready to order?	Deseja fazer seu pedido?
What would you like?	O que deseja?
Would you like to order drinks first?	Quer pedir a bebida primeiro?
I recommend...	Recomendo...
We haven't got...	Não temos...
That will take... minutes.	Vai demorar... minutos.
Enjoy your meal.	Bom apetite.

– *Are you ready to order?*
(Deseja fazer seu pedido?)
– *Can you recommend some typical local dishes?*
(Pode nos recomendar algum prato típico?)
– *Yes. The cottage pie is very good.*
And what would you like to drink?
(Sim. A torta de batatas com carne e legumes está ótima.
E o que deseja beber?)
– *A bottle of red wine please.* (Vinho tinto, por favor.)
– *Certainly.* (Muito bem.)

BEBIDAS ➤ 49

Acompanhamentos Side dishes

Pode me trazer… sem…?	**Could I have… without the…?** *kud ai hæv… wiDHaut DHâ*
Com…	**With a side order of…** *wiDH â said ó:dâr âv*
Pode me trazer uma salada em vez dos legumes cozidos, por favor?	**Could I have salad instead of vegetables, please?** *kud ai hæv sælâd innstéd âv védjtâbâlz, pli:z*
O prato é servido com legumes/batatas?	**Does the meal come with vegetables/potatoes?** *daz DHâ mi:l kamm wiDH védjtâbâlz/pâteitouz*
Deseja… também?	**Would you like… with that?** *wud yu: laik… wiDH DHæt*
legumes cozidos/salada	**vegetables/salad** *védjtâbâlz/sælâd*
batatas/batatas fritas	**potatoes/chips** *pâteitouz/tchips*
molhos	**sauces** *só:ssiz*
gelo	**ice** *aiss*
Pode me trazer…?	**Can I have some…?** *kænn ai hæv samm*
pão	**bread** *bréd*
manteiga	**butter** *batâ*
limão	**lemon** *lémânn*
mostarda	**mustard** *mastâd*
pimenta	**pepper** *pépâ*
sal	**salt** *solt*
tempero	**seasoning** *si:zâning*
açúcar	**sugar** *chugâ*
adoçante	**(artificial) sweetener** *(a:tifichâl) swi:tnâ*
molho vinagrete	**vinaigrette/French dressing** *vinigrét/fréntch dréssing*

Perguntas gerais General questions

Pode me trazer um/uma… (limpo/limpa), por favor?
Could I have a (clean)…, please? *kud ai hæv â (kli:n)… pli:z*

cinzeiro
ashtray *æchtrei*

xícara/copo
cup/glass *kap/gla:ss*

garfo/faca
fork/knife *fó:k/naif*

guardanapo
napkin *næpkinn*

prato/colher
plate/spoon *pleit/spu:nn*

Eu queria um pouco mais de…
I'd like some more…, please. *aid laik samm mó:… pli:z*

Mais nada, obrigado.
Nothing more, thanks. *naTHing mó: THænks*

Onde fica o toalete?
Where are the toilets? *wér a: DHâ tóilits*

Regimes especiais Special requirements

Não posso comer nada que contenha…
I mustn't eat food containing… *ai massânnt i:t fu:d kânteining*

sal/açúcar
salt/sugar *sólt/chugâ*

Tem refeições/bebidas para diabéticos?
Have you got meals/drinks for diabetics? *hæv yu: gót mi:lz/drinks fó: daiâbétiks*

Tem pratos vegetarianos?
Have you got vegetarian meals? *hæv yu: gót védjitériânn mi:lz*

Para crianças   For children

Servem porções para crianças?
Do you do children's portions? *du: yu: du: tchildrânnz pó:chânnz*

Pode trazer uma cadeira para crianças, por favor?
Could we have a high chair, please? *kud wi: hæv â hai tchéa pli:z*

Onde posso amamentar/trocar as fraldas do bebê?
Where can I feed/change the baby? *wéa kænn ai fi:d/tcheindj DHâ beibi*

CRIANÇAS ➤ 113

Lanches/Café Fast food/Coffee

Bebidas... Something to drink...

Eu queria uma xícara de...	**I'd like a cup of...** aid laik â kap âv
chá/café	**tea/coffee** ti:/kófi
puro/com leite	**black/with milk** blæk/wiDH milk
Eu queria uma… de vinho tinto/branco.	**I'd like a… of red/white wine.** aid laik â… âv réd/wait wainn
jarra/garrafa/copo	**carafe/bottle/glass** kâræf/bótâl/gla:ss
Tem cerveja…?	**Have you got… beer?** hæv yu: gót… bia
em garrafa/chope (na pressão)	**bottled/draught** bótâld/dra:ft

E para comer... And to eat...

Um pedaço de…, por favor.	**A piece of…, please.** â pi:ss âv… pli:z
Quero dois desses.	**I'd like two of those.** aid laik tu: âv DHouz
hambúrguer/batatas fritas	**a hamburger/some chips** â hæmbâgâ/samm tchips
bolo/sanduíche	**a cake/a sandwich** â keik/â sænwidj

ice cream aisskri:mm
Vanilla (baunilha), **chocolate** (chocolate), **strawberry** (morango), **raspberry** (framboesa).

pizza pi:tzâ
Podemos citar, entre as mais comuns, **hot and spicy** (carne picada e com lingüiça picante), **marguerita** (mussarela e tomate), **hawaï** (presunto e abacaxi), **vegetarian** (queijo, tomate, pimentão, milho e champignon).

Uma porção pequena, por favor.	**A small portion, please.** â ssmó:l pó:chânn pli:z
porção média	**medium portion** mi:diâmm pó:chânn
porção grande	**large portion** la:dj pó:chânn
É para viagem.	**It's to take away.** its tu teik âwei
Isso é tudo, obrigado.	**That's all, thanks.** DHæts ó:l THænks

> – What would you like? *(O que o senhor deseja?)*
> – Two coffees, please. *(Dois cafés, por favor.)*
> – White or black? *(Com leite ou puro?)*
> – White, please. *(Com leite, por favor.)*
> – Anything else? *(Mais alguma coisa?)*
> – No, that's all, thanks.
>   *(Não, isso é tudo, obrigado.)*

Reclamações Complaints

Não tenho faca/garfo/colher.	**I haven't got a knife/fork/spoon.** *ai hævânt gót â naif/fó:k/spu:nn*
Deve haver alguma coisa errada.	**There must be some mistake.** *DHéa mast bi: samm mistéik*
Não foi isso que pedi.	**That's not what I ordered.** *DHæts nót wót ai ó:dâd*
Pedi...	**I asked for...** *ai a:skt fó:*
Não dá para comer isso.	**I can't eat this.** *ai ka:nt i:t DHiss*
A carne está...	**The meat is...** *DHâ mi:t iz*
passada demais	**overdone** *ouvâdann*
malpassada demais	**underdone** *andâdann*
dura demais	**too tough** *tu: taf*
Está muito...	**This is too...** *DHiss iz tu:*
amargo/azedo	**bitter/sour** *bitâ/sauâ*
A comida está fria.	**The food is cold.** *Dhâ fu:d iz kould*
Isso não está fresco.	**This isn't fresh.** *DHiss izânnt fréch*
Quanto tempo ainda vai demorar?	**How much longer will our food be?** *hau match lóngâ wil auâ fu:d bi:*
Não podemos esperar mais. Vamos embora.	**We can't wait any longer. We're leaving.** *oui: ka:nt weit éni lóngâ. wi:â li:ving*
Não está limpo.	**This isn't clean.** *DHiss izânnt kli:nn*
Quero falar com o maître/ o gerente.	**I'd like to speak to the headwaiter/ to the manager.** *ai laik tu spi:k tu DHâ hédweitâ/tu DHâ mænidjâ*

Pagamento Paying

Gorjetas: Em geral o serviço está incluso na conta, a não ser nos restaurantes mais caros. Em vários estabelecimentos, como pubs, cafés e casas de chá, não se costuma oferecer gorjeta. Caso queira, pode deixar entre 10% e 15% do total da nota, de acordo com a qualidade do serviço. Uma pequena gorjeta de 5% no bar de um bom hotel é suficiente.

Eu queria pagar.	**I'd like to pay.** aid laik tu pei
A conta, por favor.	**The bill, please.** DHâ bil pli:z
Queremos pagar separadamente.	**We'd like to pay separately.** wi:d laik tu pei séprâtli
Tudo numa conta só, por favor.	**It's all together, please.** its ó:l tâguéDHâ plí:z
Acho que há um erro nesta conta.	**I think there's a mistake in this bill.** ai THingk DHéz â mistéik inn DHis bil
Esse valor aqui corresponde a quê?	**What is this amount for?** wót iz DHiss âmaunt fó:
Não foi isso que consumi. Consumi...	**I didn't have that. I had...** ai didânt hæv DHæt. ai hæd
O serviço está incluso?	**Is service included?** iz sâ:viss inklu:did
Posso pagar com este cartão de crédito?	**Can I pay with this credit card?** kænn ai pei wiDH DHiss krédit ka:d
Não tenho dinheiro suficiente.	**I haven't got enough money.** ai hævnnt gót inaf mani
Pode me dar um recibo com o imposto sobre circulação especificado?	**Could I have a VAT receipt?** kud ai hæv â vi: éi ti: risi:t
A refeição estava ótima.	**That was a very good meal.** DHæt wóz â véri gud mi:l

---

– Excuse-me, the bill please?
(Com licença. A conta, por favor.)
– *Certainly. Here you are.* (Perfeitamente. Aqui está.)
– Is service included? (O serviço está incluso?)
– *Yes.* (Sim.)
– Can I pay with this credit card?
(Posso pagar com este cartão de crédito?)
– *Yes, certainly.* (Sim, claro.)
– Thank you. That was a very good meal.
(Obrigado. A refeição estava ótima.)

NÚMEROS ➤ 216

Pratos Course by course
Café da manhã   Breakfast

Eu queria...	**I'd like some...** *aid laik samm*
manteiga	**butter** *batâ*
geléia/compota	**jam/marmalade** *djæmm/ma:mâleid*
suco de laranja	**orange juice** *órindj dju:ss*
leite	**milk** *milk*
mel	**honey** *hani*
ovos	**eggs** *égz*
pão	**bread** *bréd*
torrada	**toast** *toust*
pãezinhos	**rolls** *roulz*

Entradas Appetizers/Starters

Há uma grande variedade de entradas na Grã-Bretanha. Entre as preferidas, podemos citar:

avocado with prawns *ævâka:dou wiDH pró:nz*
Abacate com camarão.

corn on the cob *kó:nn ónn DHâ kób*
Espiga de milho verde. Como entrada, é servida com manteiga derretida.

melon *mélânn*
Melão, muito popular como entrada e servido bem frio.

pâté *pætei*
O patê é sempre servido com torradas ou pãezinhos.

potato skins *pâteitou skinz*
Cascas de batata recheadas com purê de batata, assadas no forno e servidas com maionese.

prawn cocktail *pró:nn kókteil*
Coquetel de camarão: camarões frios com molho à base de ketchup e maionese.

rollmop herring *roulmóp héring*
Arenque macerado em vinagre, enrolado e servido com endro ou funcho.

smoked salmon *smoukt sæmânn*
Salmão defumado cortado em fatias finas.

whitebait *waitbeit*
Neste prato de arenque ou enchova, o peixe é frito e servido quente com fatias de limão.

BEBIDAS COM BAIXO TEOR ALCOÓLICO ➤ 51

Sopas Soups

Entrada mais popular do inverno, a sopa tem lugar de destaque na culinária britânica. Veja aqui quatro das melhores sopas e as que são mais consumidas.

cock-a-leekie	kókâ<u>li:</u>ki	Sopa cremosa feita à base de frango e alho-poró
mulligatawny	maligâ<u>tó:</u>ni	Sopa originária da Índia, com carne, arroz e curry
split pea soup	split pi: su:p	Ervilhas secas, verdes ou amarelas, misturadas com cebola e cenoura e cozidas num caldo de presunto. É servida como refeição completa
Scotch broth	skótch bróTH	Sopa substanciosa feita de carneiro, legumes e cevada
carrot and coriander soup	kærât ând koriæ<u>en</u>dâ su:p	Sopa de cenoura e coentro em grão
cream of mushroom soup	kri:mm âv <u>machru:</u>mm su:p	Creme de champignon
cream of asparagus soup	kri:mm âv âs<u>pær</u>âgâss su:p	Creme de aspargos
lentil soup	<u>lent</u>âl su:p	Sopa de lentilha
tomato soup	tâ<u>ma:</u>tou su:p	Sopa de tomate
vegetable soup	<u>vedj</u>tâbâl su:p	Sopa de legumes

Saladas salads

Em geral, a salada é servida com o prato principal e pode ser de alface / tomate / pepino / agrião ou uma mistura desses ingredientes. Usa-se molho à base de queijo azul (**blue cheese dressing**) ou vinagrete (**French dressing**) e uma maionese temperada com ketchup e vinagre (**Thousand Island dressing**).

Peixes e frutos do mar Fish and seafood

A variedade de peixes e frutos do mar é extraordinária.

bass	*bass*	perca
cockles	*kókâlz*	*coquille*/vieira
cod	*kód*	bacalhau
Dover sole	*douvâ soul*	solha
eels	*i:lz*	enguias
flounder	*flaundâ*	linguado
herring	*héring*	arenque
lobster	*lóbstâ*	lagosta
mackerel	*mækrâl*	*mackerel*/cavalinha
monkfish	*mónkfich*	cação
mullet	*malit*	tainha
mussels	*massâlz*	mexilhão
oysters	*óistâz*	ostras
plaice	*pleiss*	patruça (tipo de linguado)
prawns	*pró:nz*	camarões
salmon	*sæ:mânn*	salmão
scallops	*skallâps*	vieiras/coquilles St. Jacques
trout	*traut*	truta
turbot	*tâ:bât*	pregado

angels on horseback *éindjâls ónn hó:ssbæk*
Ostras envoltas em bacon, grelhadas e servidas sobre uma fatia de torrada, como refeição ou aperitivo.

grilled Dover sole *grild douvâ soul*
Solha grelhada. O prato de peixe mais requisitado.

jellied eels *djélid i:lz*
Enguias na gelatina. Tipicamente britânico, este prato é preparado cozinhando-se lentamente as enguias em fogo baixo, num caldo grosso, e colocando-as depois na geladeira até que o caldo se transforme em gelatina.

kedgeree *kédjâri:*
Este prato é tradicionalmente servido no café da manhã, mas pode ser uma excelente ceia leve. Compõe-se de hadoque defumado, arroz e ovos cozidos.

scampi and chips *skæmpi ând tchips*
Grandes camarões empanados e fritos, servidos numa cestinha e acompanhados de batatas fritas. Escolha de preferência os restaurantes que servem camarões inteiros, porque os camarões reconstituídos às vezes perdem o sabor.

Carnes Meat

bacon	beikânn	bacon
beef	bi:f	carne bovina
chicken	tchikinn	frango
duck	dak	pato
fillet	filit	filé
ham	hæmm	presunto
lamb	læmm	cordeiro
mince	minss	picado/picadinho
pork	pó:k	carne de porco
rabbit	ræbit	coelho
ribs	ribz	costela/costeleta
rump	ramp	alcatra
sausages	sóssidjiz	salsicha
sirloin	sâ:lóinn	alcatra/fraldinha
steak	stéik	bisteca/contrafilé
veal	vi:l	vitela

roast beef *roust bi:f*
Alcatra ou lagarto assados servidos com bolinhos assados de massa de panqueca. Os cortes de carne bem assados são acompanhados de batatas assadas regadas com a gordura da carne e de **Yorkshire pudding** (massa assada semelhante à de panqueca, de farinha, ovos e leite).

beef Wellington *bi:f wélingtânn*
Neste elegantíssimo prato de carne britânico, pedaços de filé mignon e um recheio de champignons, envoltos numa massa de farinha e manteiga, são servidos com tempero de molho inglês e pimenta-do-reino.

shepherd's pie *chépâdz pai*
Picadinho de carne e cebola coberto de purê de batata e gratinado no forno.

steak and kidney pie *steik ând kidni pai*
Esta mistura de carne e rim preparada numa fôrma forrada de massa folhada é um dos pratos principais dos pubs e albergues britânicos.

Welsh roast lamb *wélch roust læmm*
Pernil de cordeiro com legumes, assado lentamente na sidra.

Lancashire hot-pot *lænkâshia hótpót*
Carneiro, batata, cebola e caldo de carne, cozidos tradicionalmente numa grande caçarola.

Verduras e legumes Vegetables

Os britânicos servem os legumes de modo simples (inclusive as batatas, quer sejam cozidas, em purê, assadas, quer fritas). Encontramos **carrot** (cenoura), **tomato** (tomate), **cucumber** (pepino), **lentils** (lentilha), **onion** (cebola), **radish** (rabanete), **artichoke** (alcachofra). O inverno ameno permite toda uma gama de magníficas hortaliças de "inverno" (colhidas na maior parte durante o outono), como:

beetroot	*bi:tru:t*	beterraba
Brussels sprouts	*brassâlz sprauts*	couve-de-bruxelas
cabbage	*kæbidj*	repolho
cauliflower	*kóliflauâ*	couve-flor
marrow	*mærou*	abobrinha
parsnips	*pa:snips*	pastinaca/nabo comprido
swedes	*swi:dz*	rutabaga
turnips	*tâ:nips*	nabo

baked cauliflower (broccoli) cheese
beikt kóliflauâ (brókâli) tchi:z
Couve-flor ou brócolis com molho bechamel. Este prato, comum nos cardápios britânicos, é gratinado com um molho de leite e queijo ralado como acompanhamento.

bubble and squeak *babâl ând skwi:k*
Tipo de panqueca feita com purê de batatas e verduras – repolho, legumes verdes ou couve-de-bruxelas – frita no azeite ou gordura de porco.

jacket potato with… *djækit pâtéitou wiTH…*
Prato comum no cardápio da maioria dos pubs. As batatas podem ser recheadas com camarões e maionese, queijo Cheddar, feijão branco com molho de tomate, queijo branco etc.

mushy peas *machi pi:z*
Purê de ervilhas, servido como acompanhamento do peixe com fritas (**fish and chips**). É feito com ervilhas secas e contém bicarbonato de sódio, que ajuda a manter viva a cor verde das ervilhas.

Queijo Cheese

Serve-se queijo no jantar, depois da sobremesa, em geral acompanhado de frutas frescas como maças e pêras.

Percebe-se o quanto a fabricação de queijos é próspera na Grã-Bretanha pela variedade de tipos de queijos encontrada: Cheddar / Dorset Blue Vinney / Stilton / Double Gloucester / Leicester / Double Worcester / Somerset Brie / Cornish Yarg / Shropshire Blue / Cheshire, para citar apenas alguns.

ploughman's lunch _plaumânz lantch_
Este prato muito popular é servido em quase todos os pubs e bares britânicos. Trata-se de um pedaço de queijo com cebolas curtidas, picles e pão caseiro com manteiga.

Welsh rabbit (rarebit) _wélch ræbit (réabit)_
Este prato, composto de queijo derretido sobre torradas, é feito com queijo cheddar, mostarda, cerveja e pimenta de Caiena. Quando servido com ovo pochê, chama-se **Buck rabbit (rarebit)**.

Sobremesa Dessert

A Grã-Bretanha é o país dos sonhos daqueles que amam as coisas açucaradas: os ingleses adoram doces, pudins e tortas de fruta, que são servidas quentes ou frias com creme de leite fresco e açúcar. No cardápio figuram muitas sobremesas com **custard** (creme de ovos).

apple (rhubarb) crumble _æpâl (ru:ba:b) krambâl_
Tipo de torta recoberta de farelo grosso à guisa de massa, servido no prato em que foi assado; contém frutas, farinha, canela, manteiga e açúcar de confeiteiro.

death by chocolate _déTH bai tchóklit_
É cada vez mais comum encontrar esse bolo de chocolate amargo nos restaurantes britânicos.

spotted dick _spótid dik_
Essa sobremesa substanciosa é uma massa de farinha, gordura, leite, açúcar e passas, cozida no vapor e servida com creme de leite ou creme de ovos.

syllabub _silâbâb_
É o conhecido zabaione: sobremesa fria e espumosa feita com vinho, açúcar, especiarias e frutas vermelhas cozidas ou cruas.

trifle _traifâl_
Sobremesa leve preparada com creme de leite batido, um tipo de pão-de-ló e sherry (xerez). Lembra um pouco o pavê.

Bebidas Drinks
Cerveja Beer

Depois do chá, a cerveja é a bebida mais popular da Grã-Bretanha. Servida em garrafas ou tirada na pressão, todos os dias são servidos milhões de chopes e canecas de meio litro em todo o país. Bebe-se muita cerveja clara (**lager**) na Grã-Bretanha e a maior parte das cervejas vendidas é fabricada "sob licença" pelas cervejarias britânicas.

A **bitter**, ou **ale**, é a principal cerveja consumida na Grã-Bretanha, tirada de preferência diretamente do barril. A cor varia do amarelo-claro dourado até o vermelho rubi escuro; é uma bebida que se bebe socialmente e que costuma ter um teor alcoólico bem baixo, de 3% a 5%. Os visitantes, no entanto, não devem esquecer que um **pint** (caneca de meio litro) de **bitter** com 5% de teor alcoólico tem quase o dobro de álcool que um **pint** de **bitter** com teor alcoólico de 3%! A bitter é vendida em garrafas, caixas e tirada na pressão (**draft**).

A terceira grande categoria de cervejas depois da cerveja clara e da **bitter** são as cervejas pretas, de gosto bem queimado, chamadas (de acordo com a região onde se esteja) de **stout** ou **porter**. As **stouts** mais conhecidas e melhores são, sem dúvida, as da Irlanda. As três marcas mais populares são *Guinness*, *Beamish* e *Murphy*. A **stout** doce mais vendida é a *Mackeson*, feita por uma cervejaria britânica de Kent.

Os britânicos, conhecendo o teor alcoólico de suas cervejas, costumam pedir **shandys**, ou seja, uma cerveja clara ou **bitter** misturada a limonada e contendo mais limonada que cerveja.

Sidra Cider

A sidra – suco de maçã fermentado – é produzida em escala industrial principalmente por duas empresas, cujas marcas, *Strongbow* e *Dry Blackthorn*, dominam o mercado dos pubs na Grã-Bretanha. (Uma sidra mais doce, vendida em garrafas, é produzida pela *Bulmer.*) Para os que preferem um tipo de sidra mais robusta, é bom provar o **scrumpy**, feito segundo a tradição das famosas regiões produtoras de maçã da Inglaterra, como Somerset e Kent. Costuma ser mais forte que as sidras comerciais, chegando a um teor alcoólico de 8%.

Nos pubs das principais regiões inglesas produtoras de pêra, pode-se beber uma variedade de sidra feita de pêras e chamada **perry**. Como a **scrumpy**, tende a ser bem forte.

Uísque

Fabricam-se dois tipos de uísque na Grã-Bretanha: o uísque irlandês de Belfast, na Irlanda do Norte, chamado *Bushmill*, e o uísque escocês fabricado em toda a Escócia. Pode-se subdividir o uísque escocês em duas categorias: o uísque com mistura de maltes e o uísque de malte puro. Como indica o nome, o primeiro é uma mistura de uísques de produção da destilaria; o segundo é colocado diretamente no barril e não sofre mistura para melhorar o teor ou o sabor. O uísque de malte puro tem um leve sabor de carvalho queimado, devido ao barril em que é conservado. Esses dois tipos de uísque são bebidos "puros" (sem mistura) ou misturados com água, com ou sem gás.

Os turistas que tomam uísque (e outras bebidas, aliás) precisam saber que ele nunca é servido diretamente no copo. Usa-se o dosador, chamado **optic**, em todos os bares ou pubs britânicos. Os fregueses podem pedir um **single** (uma só dose) ou um **double** (duas doses).

Aperitivos/Digestivos Aperitifs/After-dinner drinks

O **sherry** (xerez), um vinho fortificado, é extremamente popular como aperitivo e o vinho do Porto é um digestivo também muito popular. No entanto, reserva-se este último para as ocasiões especiais. O **brandy** (conhaque), o armanhaque, o madeira e o calvados também são digestivos muito apreciados.

Coquetéis Cocktails

Alguns dos mais populares coquetéis britânicos:

bloody Mary *bládi méri*
Coquetel feito de suco de tomate, vodca e molho inglês.

buck's fizz *baks fizz*
Bebida de verão feita com champanhe e suco de laranja.

gin and 'it' *djinn ând it*
Equivalente britânico do martíni seco norte-americano, é feito de gim e vermute italiano (daí o "it"), servido com gelo.

gin and lime *djinn ând laimm*
Gim com um xarope de limão muito popular, chamado **lime cordial**.

gin and tonic *djinn ând tónik*
Bebida de verão feita com gim e água tônica de quinino, servida com gelo.

Bebidas com baixo teor alcoólico
Low alcohol drinks

Para ajudá-lo a manter-se dentro do limite de alcoolemia permitido, vários pubs oferecem hoje **bitter** e cerveja clara com teor alcoólico reduzido e sidra engarrafada, cujo teor fica por volta de 1%. Somente a Kalibur, uma cerveja clara, é inteiramente sem álcool.

Vinho Wine

A indústria vinícola do sul da Grã-Bretanha é próspera e está em pleno crescimento, mas poucos vinhos britânicos são exportados.

No entanto, os fregueses podem tomar vinho importado de todos os países vinícolas do mundo. Ao pedir a carta de vinhos, lembre-se: os britânicos costumam chamar de **claret** os vinhos tintos.

Bebidas sem álcool Non-alcoholic drinks

Eu queria...	**I'd like...** *aid laik*
um chocolate (quente)	**a (hot) chocolate** *â (hót) tchóklit*
uma Coca-Cola/ sabor limão	**a cola/a lemonade** *â koulâ/â lémâneid*
um milkshake ou vitamina	**a milkshake** *â milkcheik*
água mineral	**some mineral water** *samm minârâl wó:tâ*
com gás/sem gás	**fizzy/still** *fizi:/sstil*
água tônica	**some tonic water** *samm tónik wó:tâ*

blackcurrant juice *blæk-karânnt dju:ss*
Xarope de *cassis* ou groselha-preta misturado com água ou água com gás.

fruit juice *fru:t dju:ss*
Suco de fruta: laranja, tomate, abacaxi etc.

lemonade/orangeade *lémâneid/órândjeid*
Limonada ou laranjada, gasosas ou sem gás, há de vários tipos.

squash Bebida à base de suco concentrado de fruta — laranja, limão amarelo, limão taiti – e água com ou sem gás.

Chá/café ➤ 40. O chá costuma ser forte e servido com leite.

Glossário de Alimentação

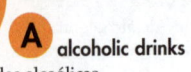

A alcoholic drinks bebidas alcoólicas

ale cerveja ➤ 49

allspice pimenta-da-jamaica

almonds amêndoas

anchovies anchova

aperitif aperitivo ➤ 50

apple maçã

apple charlotte charlote de maçã

apple cobbler tipo de sobremesa com maçãs cobertas de massa de farinha de trigo e/ou aveia, açúcar e manteiga.

apple crumble crumble de maçã ➤ 48

apple sauce purê de maçã

apricots damasco

artichoke, globe alcachofra

artichoke, Jerusalem alcachofra-de-jerusalém

asparagus aspargos

at room temperature na temperatura ambiente

aubergine berinjela

avocado abacate

avocado with prawns abacate com camarão ➤ 43

B bacon bacon

back bacon magro

middle bacon entremeado de gordura

streaky bacon com faixas de gordura

bacon and eggs ovos com bacon

bacon buttie sanduíche de bacon

baked assado

baked apple maçã assada

baked beans feijão branco com molho de tomate

baked beans on toast feijão branco com molho de tomate servido na torrada

baked ham presunto assado

baked mackerel cavalinha assada

baked potato batata assada inteira com a casca

bakewell tart torta de amêndoas e geléia de cereja ou framboesa

banana banana

bap (roll) pãozinho de massa doce

barley cevada

basil manjericão

bass perca

baste regar (com caldo ou suco)

batter massa para empanar e fritar

battered cod bacalhau empanado
bay leaf louro
beans feijão
beef carne bovina
beef burgers hambúrguer
beef stew picadinho de carne com legumes
beef wellington filé de carne servido com recheio ➤ 46
beer cerveja ➤ 49
beetroot beterraba
beverage bebida
bilberry mirtilo
biscuit biscoito, bolacha
bitter *(adj.)* amargo; *(subst.)* cerveja *"bitter"*
blackberry amora-preta
blackcurrant groselha-negra
black pudding chouriço
blancmange tipo de manjar-branco, sem leite de coco
bloody Mary coquetel com suco de tomate e vodca ➤ 50
blue cheese dressing molho de queijo azul ➤ 44
blue stilton queijo azul de Stilton
boiled cozido; fervido
boiled eggs ovos cozidos
bowl of cereal tigela de flocos de cereais
braised na brasa

braised oxtail rabada na brasa
brandied preparado com conhaque
brandy conhaque
brawn bolo feito de porco
bread pão
breaded empanado
bread pudding pudim de pão
bread sauce molho feito de pão
breakfast café da manhã
bream brema (peixe de água doce)
breast (of chicken) peito (de frango)
broth caldo
brown bread pão preto
brown sauce molho de farinha tostada na manteiga com caldo de carne
Brussels sprouts couve-de-bruxelas
bubble and squeak prato feito de repolho, batata e carne ➤ 47
buck rabbit (rarebit) torrada com queijo derretido coberta com um ovo pochê
buck's fizz champanhe com suco de laranja ➤ 50
bun pãozinho de leite
butter manteiga

C

cabbage repolho

café café (bar)

cake bolo

candied cristalizado (recoberto de açúcar)

capers alcaparras

capsicums pimentão

carrots cenoura

cashews castanha de caju

cauliflower couve-flor

cauliflower cheese couve-flor ao molho branco e queijo

celery aipo; salsão

cheese queijo

cheesecake torta de queijo branco

cheesesticks palitos crocantes de queijo

cherries cerejas

chestnuts castanhas

chicken frango

chicken breast, leg, wing peito, coxa, asa de frango

chicken broth caldo de galinha

chicken livers fígado de galinha

chicken soup canja de galinha

chilled frio

chives cebolinha verde

chocolate chocolate

chocolate cake bolo de chocolate

chocolate mousse musse de chocolate

chop (lamb, veal, pork) costela/costeleta (de cordeiro, vitela, porco)

Christmas pudding "pudim de Natal", que contém frutas secas, miolo de pão, banha e bebida alcoólica

chutney condimento à base de frutas e especiarias

cider sidra ➤ 49

cinnamon canela

clams moluscos

claret vinho tinto

clotted cream creme azedo ➤ 34

cloves cravos (tempero)

cob nuts avelãs grandes

cobbler torta de frutas cobertas de massa

cock-a-leekie soup sopa de frango com alho-poró ➤ 44

cockles vieiras

cod bacalhau

codfish cakes bolinhos de bacalhau

coffee café

coffee shop torrefação de café

coleslaw salada de repolho cru, cenoura e cebola com maionese

condensed milk leite condensado

condiment tempero

consommé (beef, chicken) consomê (de carne, de frango)

coriander coentro em grão

corn milho

corn on the cob espiga de milho verde ➤ 43

corned beef carne enlatada

cottage cheese queijo cottage

courgettes abobrinha verde

cover charge taxa de serviço, *couvert*

crab caranguejo

crackling torresmo

cranachan sobremesa escocesa com aveia, morango ou framboesa, mel, creme de leite e uísque

crayfish lagostim

cream creme

   clotted azedo ➤ 34

   double grosso

   single líquido

   soured azedo

   whipped batido

crème caramel pudim de leite com calda de caramelo

cress agrião

crisps (with vinegar, plain or cheese-flavoured) batatas fritas (com vinagre, naturais ou com queijo)

crowdie (cheese) sobremesa escocesa com queijo, aveia, morangos, framboesas, mel, creme de leite e uísque

crumble sobremesa com frutas cobertas de uma massa esfarelada, assada no forno ➤ 48

crumbly (cheese) esfarelado (queijo)

crumpet bolinho em forma de rosca

cucumber pepino

cucumber salad salada de pepino

cucumber sandwich sanduíche de pepino

Cumberland sauce molho à base de geléia de groselha, vinho do porto, laranja, limão, mostarda e gengibre

Cumberland sausage lingüiça de Cumberland (com carne de porco, temperos e pimenta-do-reino)

cup of tea, coffee, hot chocolate xícara de chá, café, chocolate quente

currants passas de Corinto

curry curry

curry powder curry em pó

curried eggs ovos com curry

custard creme de ovos

cutlet costeleta

D

dates tâmaras

death by chocolate cake bolo de chocolate amargo ➤ 48

decaffeinated coffee café descafeinado

desserts sobremesas

devilled kidneys rins de carneiro com molho picante de mostarda, servido com torradas amanteigadas

diced em cubos

dill aneto ou endro

dinner jantar

dips molho frio no qual se mergulham verduras cruas ou biscoitos salgados

dog fish cação

double cream creme fresco

dough massa (de pão/pizza)

doughnuts sonhos, rosquinhas fritas

dover sole solha/linguado ➤ 45

dressed crab salada de caranguejo

dried fruit frutas secas

drinks bebidas

dry seco

duck pato

duckling pato

dumplings bolinhos de massa cozida ou assada

E

eel enguia

egg ovo

egg mayonnaise sandwich sanduíche de salada de ovos com maionese

endive endívia

escalope escalope

espresso café expresso

F

faggots bolinhos de carne

fairy cake bolinho doce

fast food lanche rápido

fennel funcho

fig figo

filet steak bife

fillet filé de carne

fish peixe

flambe flambado

flounder linguado

fool creme de frutas

French beans vagem

French bread pão francês

French dressing molho vinagrete

fresh fresco

fried frito

fried bread pão na chapa

fried eggs ovo frito
fried mushrooms champignon frito
fried onions cebola frita
fritter bolinhos fritos
fruit fruta
fruit juice suco de fruta
fry-up salsichas, ovos, bacon etc., fritados juntos

G game pie torta de carne
gammon presunto defumado
garlic alho
garlic bread pão de alho
garlic mushrooms champignons com alho
gherkins pepinos verdes em conserva
gin and 'it' gim com vermute italiano ➤ 50
gin and lime gim com xarope de limão verde ➤ 50
gin and tonic gim-tônica ➤ 50
ginger gengibre
ginger ale refrigerante de gengibre
ginger beer refrigerante de gengibre
gingernuts biscoito doce de gengibre
glass of beer copo de cerveja

glass of (fruit) juice copo de suco (de fruta)
glass of milk copo de leite
glass of water copo d'água
glazed glacê
goose ganso
gooseberries tipo de groselha azeda
gooseberry sauce molho de *groselha*
grape uva
grape juice suco de uva
grapefruit toranja
grapefruit juice suco de toranja
gravy molho de carne
green peppers pimentão verde
green salad salada verde
greens verduras
grilled grelhado
grilled dover sole solha grelhada ➤ 45
grouse tetraz/galo-das-florestas
guinea fowl galinha-d'angola

H haddock hadoque
half (a grapefruit) meia toranja
ham presunto

ham and eggs presunto com ovos
ham off the bone presunto com osso
hamburger hambúrguer
hard boiled eggs ovos cozidos
hare lebre
hazelnuts avelãs
herbs ervas
herring arenque
home cooked comida caseira
home made feito em casa
honey mel
horseradish raiz-forte
hot quente
hot chocolate chocolate quente
house wine vinho da casa

I
ice cream sorvete
instant coffee café solúvel

J
jam bun pãozinho com geléia
jacket potato batata assada inteira com a casca ➤ 47
jellied eel enguias na gelatina ➤ 45
jelly gelatina/geléia
John Dory peixe-de-são-pedro
jugged hare lebre ao molho pardo

K
kale couve-crespa
kebabs espetinho de carne com molho picante
kedgeree risoto de peixe ➤ 45
ketchup ketchup
kippers arenque defumado e salgado

L
lamb cordeiro
lamb stew (Irish) picadinho de cordeiro
lard gordura de porco
leeks alho-poró
leek and potato soup sopa de batata e alho-poró
leg of lamb pernil de cordeiro
leg of mutton pernil de carneiro
lemon limão
lemon juice suco de limão
lemon meringue pie torta de limão com suspiro
lemon rind casca de limão
lemon squash xarope de limão
lemonade limonada
lentils lentilha
lettuce alface
lime limão
lime cordial xarope de limão
lime juice licor de limão
liver (calves', pigs', lambs') fígado (de vitela, porco, cordeiro)

liver and bacon fígado e bacon
liver sausage salsicha de fígado
lobster lagosta
low alcohol drinks bebidas com baixo teor alcoólico ➤ 51

M macaroni macarrão
mace macis
mackerel cavalinha
malt malte
malt vinegar vinagre de malte
malt whisky uísque de malte
margarine margarina
marinated marinado
marjoram manjerona
marmalade compota
marrow abobrinha
mash amassado/ purê
mashed potatoes purê de batatas
mature (cheese) (queijo) maduro
mayonnaise maionese
meat carne
meat pie torta de carne
melon melão ➤ 43
meringue suspiro/merengue
mild (cheese) (queijo) suave
milk leite
milk shake milk shake

minced beef carne picada
mincemeat picadinho de frutas secas, maçãs e gordura com bebida alcoólica
mineral water água mineral
mint menta; hortelã
mint sauce molho de hortelã
mixed grill grelhado sortido (salsichas, bacon, rins etc.)
mixed salad salada mista
mixed vegetables salada de legumes cozidos
molasses melado
monkfish cação-anjo
muffins bolinhos doces redondos
mullet (red/white) tainha (escura/branca)
mushrooms champignons
mushy peas purê de ervilha ➤ 47
mussels mexilhão
mustard mostarda
mutton carneiro

N neat puro
nectarine nectarina
non-alcoholic drinks bebidas sem álcool ➤ 51

noodles macarrão; talharim
nutmeg noz-moscada

O

oats aveia
oatmeal farinha de aveia
octopus polvo
olive azeitona
olive oil azeite de oliva
omelette omelete
onions cebola
onion gravy molho de cebola
onion rings anéis de cebola empanados e fritos
onion soup sopa de cebola
orange laranja
orange juice suco de laranja
orange marmalade geléia de laranja
orange squash xarope de laranja
orangeade laranjada
oregano orégano
ox tongue língua (bovina)
oxtail rabada (bovina)
oxtail soup sopa de rabada
oysters ostras

P

paprika páprica
parsley salsa
parsley sauce molho de salsa
parsnips pastinaca
partridge perdiz
pasta massa
pastry massa de torta
pâté patê
peach pêssego
peanuts amendoim
  dry roasted torrado
  salted salgado
pear pêra
peas ervilhas
peeled descascado
pepper pimenta
peppers pimentões
pepper corn grão de pimenta-do-reino
pepperoni lingüiça de porco e de carne bovina picante
perch perca
perry "sidra" de pêra ➤ 49
pheasant (cock/hen) faisão
pickle picles
pickled conservado em vinagre
pickled onions picles de cebola
pie torta
pig's head cabeça de porco
pig's trotters pé de porco
pigeon pombo
pike lúcio (peixe)

pimientos pimenta-malagueta

pineapple abacaxi

pineapple juice suco de abacaxi

pistachios pistaches

plaice patruça (tipo de linguado)

ploughman's lunch prato frio com queijo, pão caseiro, salada e picles ➤ 48

plum ameixa

port vinho do porto

porter cerveja preta

porterhouse steak filé Chateaubriand

pot of tea bule de chá

pot roast carne assada de panela

potato batata

potato crisps batata frita

potato skins batata recheada ➤ 43

potted shrimp forminhas de camarão

prawn camarão

prawn cocktail coquetel de camarão ➤ 43

prawn (mayonnaise) sandwich sanduíche de maionese de camarão

prunes ameixa seca; ameixa preta

pumpkin abóbora

Q quail codorna

quince marmelo

R rabbit coelho

raisins passas de uva

raspberry framboesa

redcurrants groselha vermelha

rhubarb ruibarbo

rice arroz

rollmops (herring) enroladinhos de filé de arenque com cebola, conservados em salmoura e vinagre ➤ 43

rosemary alecrim

S saddle quarto (de carneiro ou outro animal)

saffron açafrão

sage sálvia

salad salada; verduras cruas

salmon salmão

salt sal

sandwich sanduíche

sardines sardinhas

satsumas tipo de tangerina

sauce molho

sausage salsicha/lingüiça

savoury salgado

scallops vieiras/coquilles St. Jacques

scampi lagostins empanados

scampi and chips camarões empanados servidos com batata frita ➤ 45

scone tipo de bolo doce de massa podre

scotch uísque

scotch and soda uísque com água gasosa

Scotch broth sopa de carneiro, legumes e cevada ➤ 44

Scotch eggs ovos cozidos envoltos em carne de salsicha, empanados e fritos

Scotch pancakes panquecas doces grossas

Scotch whisky uísque escocês; scotch ➤ 50

scrambled eggs ovos mexidos

seafood frutos do mar

set meal menu fixo; cardápio

shallot cebolinha (bulbo)

shandy coquetel com cerveja clara e limonada ➤ 49

shank jarrete

shellfish moluscos de concha

shepherd's pie picadinho de carne e cebola, recoberto de purê de batata e assado no forno ➤ 46

sherbet *sorbet*/gelado

sherry *sherry*; xerez

short crust pastry massa *brisée*

shortbread tipo de biscoito amanteigado (iguaria escocesa típica)

shoulder of lamb paleta de cordeiro

single cream creme fresco líquido

sirloin steak bife de alcatra

skimmed milk leite desnatado

smoked finnan haddock hadoque defumado

smoked haddock hadoque defumado

smoked ham presunto defumado

smoked oysters ostras defumadas

smoked salmon salmão defumado ➤ 43

smoked salmon sandwich sanduíche de salmão defumado

soda refrigerante

soda water água com gás

soft boiled eggs ovos quentes

soft drinks refrigerantes

sole linguado

soup sopa ➤ 44

soup of the day sopa do dia

soured cream creme azedo

soused herring arenque marinado

sparkling wine vinho espumante

spicy picante

spinach espinafre

split peas ervilhas secas

sponge-cake tipo de pão de ló

spotted dick bolo de passas cozido no vapor ➤ 48

spring onions cebolinha verde

squash xarope de fruta ➤ 51

squid lula
starter entrada
steak bife
steak and kidney pie torta de rins e carne bovina ➤ 46
still sem gás
stock caldo
stout cerveja preta
strawberry morango
streaky (bacon) bacon ou toucinho defumado com veios de gordura
stuffed recheado
suckling pig leitão
sugar açúcar
sultanas passas sultanas
summer pudding "pudim" à base de miolo de pão recheado de frutinhas vermelhas
swedes rutabagas
sweet doce (sabor)
sweetbreads moleja de vitela
sweetcorn milho
syllabub zabaione ➤ 48
syrup xarope (de açúcar)

T **tangerine** tangerina
tarragon estragão
tarts tortas
tavern albergue/taberna
tea chá

tea with milk chá com leite; chá à francesa
tenderloin filé mignon; contrafilé
Thousand island dressing molho de maionese com ketchup ➤ 44
thyme tomilho
tip gorjeta
toast torrada
toasted cheese sandwich sanduíche de queijo quente
toastie sanduíche feito com torrada
tomato tomate
tomato juice suco de tomate
(tomato) ketchup ketchup
tomato salad salada de tomate
tomato sauce molho de tomate
tomato soup sopa de tomate
treacle melado
treacle tart torta de melado refinado
trifle tipo de pavê ➤ 48
tripe tripa/dobradinha
trout truta
tuna atum
tuna fish (mayonnaise) sandwich sanduíche de (patê de) atum
turbot pregado (peixe)
turkey peru
turnips nabos

V

vanilla baunilha
veal vitela
vegetable hortaliça
vegetable soup sopa de legumes
venison sausages lingüiça de carne de veado
vermouth vermute
vinegar vinagre

WXYZ

walnuts nozes
watercress agrião (d'água)
watercress salad salada de agrião
watercress soup sopa de agrião
watermelon melancia
well done bem passado
Welsh rabbit (rarebit) torrada com queijo ➤ 48
whelks caracol, escargot marinho
whipped cream creme batido
white bread pão branco (em geral, pão de forma)
white coffee café com leite
white wine vinho branco
whitebait arenque frito ➤ 43
whiting merluza
wholemeal integral (pão, macarrão, massa de pizza etc.)
wild boar javali
winkles caramujo
woodcock abibe, pavoncino
Worcestershire sauce molho inglês (com soja e vinagre)
yam batata-doce
yeast fermento
yellow peas ervilhas amarelas
yoghurt iogurte

Viagem

Segurança	65	Carro	85
Chegada	66	Locação de automóveis	86
Avião	68	Posto de gasolina	87
Trem	72	Problemas com carro	88
Ônibus interurbano	78	Partes do carro	90
Ônibus urbano	78	Acidentes	92
Metrô	80	Questões legais	93
Barco/Balsa	81	Como perguntar o caminho	94
Bicicleta	82		
Carona	83		
Táxi	84		

O ESSENCIAL

1/2/3 para…	**One/two/three for…** wann/tu:/THri: fó:
Para…, por favor.	**To…, please.** tu… pli:z
passagem de ida	**single** _singâl_
passagem de ida e volta	**return** _ritâ:nn_
Quanto é?	**How much?** hau match

Segurança Safety

Pode me acompanhar…?	**Would you accompany me…?** wud yu: â_kamm_pâni mi:
até o ponto de ônibus	**to the bus stop** tu Dhâ bass stôp
até o meu hotel	**to my hotel** tu mai hou_tél_
Não quero… sozinho(a).	**I don't want to… on my own.** ai dount wónt tu… ónn mai ounn
ficar aqui	**stay here** stei hia
voltar a pé	**walk home** wó:k houmm
Não me sinto em segurança aqui.	**I don't feel safe here.** ai dount fi:l seif hia

POLÍCIA ➤ 161; EMERGÊNCIAS ➤ 224

Chegada Arrival

Documentos necessários

Os visitantes deverão portar um passaporte dentro do prazo de validade.

Animais: A Grã-Bretanha impõe uma quarentena (**quarantine**) de seis meses a todos os animais que venham do EXTERIOR. Não tente entrar com algum animal ilegalmente, por isso poderá colocar grave risco à vida dele.

Verificação dos passaportes Passport control

Temos um passaporte conjunto.	**We have a joint passport.** wi: hæv â djóint _pa:ssp_ó:t
As crianças estão neste passaporte.	**The children are on this passport.** DHâ _tchil_drânn ar ónn DHis _pa:ssp_ó:t
Estou aqui de férias/a negócios.	**I'm here on holiday/business.** aimm hir ónn _hó_lidei/_biz_niss
Estou em trânsito.	**I'm just passing through.** aïm djast _pa:_ssinng THrou:
Vou a...	**I'm going to...** aimm _gou_ing tu
Estou...	**I'm...** aimm
sozinho(a)	**on my own** ónn mai ounn
com minha família	**with my family** wiTH mai _fæ_emili:
com um grupo	**with a group** wiTH â gru:p

FAMÍLIA ➤ 120

Alfândega Customs

Só tenho a quantidade permitida.	**I've only got the normal allowances.** *aiv ounli gót DHâ nó:mâl âlauânsiz*
É um presente.	**It's a gift.** *its â ghift*
É para uso pessoal.	**It's for my personal use.** *its fó: mai pâ:ssânâl yu:ss*

Do you have anything to declare?	Tem algo a declarar?
You must pay duty on this.	Sobre isso é preciso pagar imposto.
Where did you buy this?	Onde comprou isso?
Please open this bag.	Por favor, abra a bolsa.
Have you got any more luggage?	Tem mais bagagem?

Gostaria de declarar...	**I'd like to declare...** *aid laik tu dikléa*
Não entendi.	**I don't understand.** *ai dount andâstænd*
Alguém aqui fala português?	**Does anyone here speak Portuguese?** *daz éniwann hia spi:k Pó:tchughi:z*

PASSPORT CONTROL	verificação de passaportes
BORDER CROSSING	posto de fronteira
CUSTOMS	alfândega
NOTHING TO DECLARE	nada a declarar
GOODS TO DECLARE	mercadorias a declarar
DUTY-FREE GOODS	mercadorias isentas de imposto

Free Shops Duty-free shopping

Em que moeda está este preço?	**What currency is this in?** *wót karânsi iz DHiss inn*
Posso pagar em... ?	**Can I pay in...?** *kænn ai pei in*
euros	**euros** *yu:rouz*
libras	**pounds** *paundz*
dólares	**dollars** *dólâz*

PROBLEMAS DE COMUNICAÇÃO ➤ 11

Avião Plane

As empresas aéreas **British Airways** e **British Midland** mantêm vôos regulares para a Escócia (Edimburgo, Glasgow e Aberdeen) e Irlanda, (Belfast, Dublin), partindo de Londres ou Birmingham. A empresa irlandesa **Aer Lingus** tem numerosos vôos entre Londres e a Irlanda, e a **Jersey European Airways** faz os vôos para as ilhas anglo-normandas (Jersey e Guernsey).

Passagens e reservas Tickets and reservations

A que horas sai o... vôo para Dublin?	**When is the... flight to Dublin?** wénn iz DHâ... flait tu <u>da</u>blinn
primeiro/próximo/último	**first/next/last** fâ:st/nékst/la:st
Quero duas passagens...	**I'd like two... tickets.** aid laik tu:... <u>ti</u>kits
só de ida	**single** <u>sin</u>gâl
de ida e volta	**return** ri<u>tâ</u>:nn
de primeira classe	**first class** fâ:st kla:ss
classe executiva	**business class** <u>biz</u>niss kla:ss
classe econômica	**economy class** i<u>kó</u>nâmi kla:ss
Quanto custa o vôo para...?	**How much is a flight to...?** hau match iz â flait tu
Quero... minha reserva no vôo nº 154.	**I'd like to... my reservation for flight number 154.** aid laik tu... mai rézâ<u>vei</u>chânn fó: flait <u>nam</u>bâ 154
cancelar	**cancel** <u>kæn</u>sâl
mudar	**change** tcheindj
confirmar	**confirm** kân<u>fâ:mm</u>

Perguntas sobre o vôo Inquiries about the flight

Há algum adicional/desconto?	**Are there any supplements/discounts?** a: DHér <u>é</u>ni <u>sa</u>plimânts/dis<u>kaunts</u>
A que horas sai o avião?	**What time does the plane leave?** wót taimm daz DHâ pleinn li:v
A que horas vamos chegar?	**What time will we arrive?** wót taimm wil wi: â<u>raiv</u>
A que horas devo fazer o *check-in*?	**What time do I have to check in?** wót taimm du: ai hæv tu tchék inn

Check-in Checking in

Onde fica o balcão de check-in do vôo...?	**Where is the check-in desk for flight...?** *wér iz DHâ tchék-inn désk fó: flait*
Tenho...	**I've got...** *aiv gót*
3 malas para embarcar	**three cases to check in** *THri: keissiz tu tchék inn*
2 bolsas de mão	**two pieces of hand luggage** *tu: pi:ssiz âv hænd laghidj*

Your ticket/passport please.	Sua passagem/seu passaporte, por favor.
Would you like a window or an aisle seat?	Quer um lugar na janela ou no corredor?
Smoking or non-smoking?	Fumante ou não-fumante?
Please go through to the departure lounge.	Por favor, apresente-se na sala de embarque.
How many pieces of luggage have you got?	Quantas malas são?
You have excess luggage.	O(A) senhor(a) está com excesso de bagagem.
You'll have to pay a supplement of £...	É preciso pagar um adicional de... £.
That's too heavy/large for hand luggage.	Esta aqui é pesada/grande demais para uma bagagem de mão.
Did you pack these bags yourself?	O(A) senhor(a) mesmo(a) fez as malas?
Do they contain any sharp or electrical items?	Há algum item cortante, perfurante ou elétrico nelas?

ARRIVALS	chegadas
DEPARTURES	partidas
SECURITY CHECK	controle de segurança
DO NOT LEAVE LUGGAGE UNATTENDED	fique sempre atento à sua bagagem

BAGAGEM ➤ 71

Informações Information

O vôo... está atrasado?	**Is there any delay on flight...?** *iz DHér éni dilei ónn flait*
Qual é o atraso?	**How late will it be?** *hau leit wil it bi:*
O vôo de... já chegou?	**Has the flight from... landed?** *hæz DHâ flait frâmm... lændid*
De qual portão parte o vôo... ?	**Which gate does flight... leave from?** *witch gheit daz flait... li:v frâmm*

No embarque/no vôo Boarding/In-flight

Seu cartão de embarque, por favor.	**Your boarding pass, please.** *yó: bó:ding pa:ss pli:z*
Posso beber/comer alguma coisa?	**Could I have a drink/something to eat?** *kud ai hæv â drink/sammTHing tu i:t*
Por favor, me acorde na hora da refeição.	**Please wake me up for the meal.** *pli:z weik mi: ap fó: DHâ mi:l*
A que horas vamos chegar?	**What time will we arrive?** *wót taimm wil wi: âraiv*
Um saco para enjôo, por favor.	**A sick bag, please.** *â sik bæg pli:z*

Chegada Arrival

Onde fica/ficam o/a/os/as...?	**Where is/are the...?** *wér iz/a: DHâ*
ônibus urbanos	**buses** *bassiz*
casa de câmbio	**bureau de change** *«bureau de change»*
locadora de automóveis	**car hire office** *ka: haiâr ófiss*
saída	**exit** *égzit*
táxis	**taxis** *tæksiz*
Há algum ônibus para ir à cidade?	**Is there a bus into town?** *iz DHér â bass intu taunn*
Como faço chegar ao hotel... ?	**How do I get to the... Hotel?** *hau du: ai ghét tu DHâ... houtél*

Bagagem Luggage

Gorjeta: se quiser agradecer ao carregador, dê-lhe uma gorjeta de no mínimo 50p por mala.

Carregador! Com licença!	**Porter! Excuse me!** *pó:tâ! ikskyu:z mi:*
Pode levar minha bagagem até... ?	**Could you take my luggage to…?** *kud yu: teik mai laghidj tu*
um táxi/ônibus	**a taxi/bus** *â tæksi/bass*
Onde está/estão…?	**Where is/are…?** *wér: iz/a:*
os carrinhos de bagagem	**the luggage trolleys** *DHâ laghidj tróliz*
malex	**the luggage lockers** *DHâ laghidj lókâz*
o guarda-volume	**the left-luggage office** *DHâ léft-laghidj ófiss*
Onde estão as bagagens do vôo... ?	**Where is the luggage from flight…?** *wér iz DHâ laghidj frâmm flait*

Perdas/Danos/Roubo Loss/Damage/Theft

Perdi minha bagagem.	**I've lost my luggage.** *aiv lóst mai laghid;*
Roubaram minha bagagem.	**My luggage has been stolen.** *mai laghidj héz bi:nn stoulânn*
Minha mala foi danificada.	**My suitcase was damaged.** *mai su:tkeiss wóz dæmidjd*
Nossa bagagem não chegou.	**Our luggage has not arrived.** *auâ laghidj hæz nót âraivd*

What does your luggage look like?	Como é sua bagagem?
Have you got the reclaim tag?	Você tem o recibo do guarda-volume?
Your luggage…	Sua bagagem...
may have been sent to…	pode ter sido mandada para...
may arrive later today.	talvez chegue hoje mais tarde.
Please come back tomorrow.	Por favor, volte amanhã.
Call this number to check if your luggage has arrived.	Ligue para este número para saber se sua bagagem chegou.

POLÍCIA ➤ 161; CORES ➤ 144

Trem Train

Eurostar: o trem Eurostar de alta velocidade liga Paris (Gare du Nord) a Londres em três horas, e Bruxelas (Bruxelles Midi) a Londres em 3 horas e 15 minutos. Chega-se à capital londrina na estação **Waterloo International**. O Eurostar só aceita passageiros e as reservas são obrigatórias. Na linha Paris-Londres, alguns trens param em Lille (Lille Europe), Calais-Fréthun e Ashford (no sul da Inglaterra).

O Shuttle/O expresso Eurotunnel: os carros são transportados em vagões ferroviários de Calais a Folkestone em 35 minutos (45 minutos à noite). O expresso funciona 24 horas por dia, 365 dias por ano. Nas horas de maior movimento, há saídas para a Inglaterra a cada 15 minutos. Não se aceitam reservas.

A rede ferroviária interna: a empresa ferroviária nacional, chamada antigamente de **British Rail**, foi dividida em numerosas companhias regionais. Ainda é possível comprar passagens nacionais, mas é aconselhável apresentar-se com antecedência na estação. O **BritRail Pass** permite viajar à vontade em todo o Reino Unido durante períodos variáveis (4, 8, 15 dias ou um mês). O **Freedom of Scotland Travelpass** oferece viagens ilimitadas em períodos determinados (8 ou 15 dias) pela rede escocesa. O **BritRail SouthEast Pass** é uma passagem única para a rede do sudeste (em torno de Londres).

A **DLR (Docklands Light Railway)** é uma rede de trens futuristas inteiramente automáticos que serve ao sudeste de Londres (o embarque é feito na estação de metrô Bank ou Tower Hill).

As estações (**stations**): Em Londres, as principais estações ferroviárias são Paddington, Euston, King's Cross, St. Pancras, Liverpool Street, Victoria, Charing Cross e Waterloo (Eurostar).

Rumo à estação To the station

Como faço para chegar à estação ferroviária (principal)?	**How do I get to the (main) railway station?** *hau du: ai ghét tu DHâ (meinn) <u>reil</u>wei <u>stei</u>chânn*
Os trens para... saem da estação...?	**Do trains to... leave from... Station?** *du: treinnz tu... li:v frâmm... <u>stei</u>chânn*
Fica longe?	**Is it far?** *iz it fa:*
Posso deixar meu carro lá?	**Can I leave my car there?** *kænn ai li:v mai ka: DHéa*

Na estação At the station

Onde fica/ficam o/a/os/as...?	**Where is/are the...?** *wér iz/a: DHâ*
casa de câmbio	**bureau de change** *«bureau de change»*
balcão de achados e perdidos	**lost property office** *lóst própâti ófiss*
balcão de informações	**information desk** *innfâ<u>mei</u>chânn désk*
guarda-volume	**baggage check** *bǽghidj tchék*
malex	**luggage lockers** *laghidj <u>ló</u>kâz*
guichê de passagens	**ticket office** *<u>ti</u>kit ófiss*
plataformas	**platforms** *plǽtfo:mz*
sala de espera	**waiting room** *<u>wei</u>ting ru:mm*
lanchonete	**snack bar** *snæk ba:*

ENTRANCE	entrada
EXIT	saída
RESERVATIONS	reservas
INFORMATION	informações
TO THE PLATFORMS	acesso às plataformas
ARRIVALS	chegadas
DEPARTURES	partidas

COMO PERGUNTAR O CAMINHO ➢ 94

Passagens Tickets

O controle das passagens costuma ser feito a bordo dos trens por um fiscal (**inspector**).

Onde compro a passagem?	**Where can I buy a ticket?** *wéa kænn ai bai â ṯikit*
Quero uma passagem...	**I'd like a... ticket.** *aid laik â... ṯikit*
só de ida	**single** *singâl*
de ida e volta	**return** *riṯâ:nn*
de primeira/segunda classe	**first/second class** *fâ:st/sékând kla:ss*
com desconto	**concessionary** *kânséchânâri*
Quero reservar um lugar.	**I'd like to reserve a seat.** *aid laik tu rizâ:v â si:t*
lugar no corredor	**aisle seat** *áil si:t*
lugar na janela	**window seat** *windou si:t*
Tem vagão-leito?	**Is there a sleeping car?** *iz DHér â sli:ping ka:*
Quero um leito.	**I'd like a... berth.** *aid laik â... bâ:TH*
superior/inferior	**upper/lower** *apâ/louâ*

Preço Price

Quanto é?	**How much is that?** *hau match iz DHæt*
Tem desconto para...?	**Is there a discount for...?** *iz DHér â diskaunt fó:*
crianças/famílias	**children/families** *tchildrânn/fæmiliz*
idosos	**senior citizens** *si:nyâ sitizânnz*
estudantes	**students** *styu:dânts*
Tem desconto se voltar no mesmo dia?	**Do you offer a cheap day return?** *du: yu: ófâr â tchi:p dei riṯâ:nn*

Perguntas Queries

Tenho de mudar de trem?	**Do I have to change trains?** *du: ai hæv tu tcheindj treinnz*
É um trem direto.	**It's a direct train.** *its â dairékt treinn*
Há uma baldeação em...	**You have to change at...** *yu: hæv tu tcheindj æt*
Posso voltar com a mesma passagem?	**Can I return on the same ticket?** *kænn ai ritâ:nn ónn DHâ seimm tikit*
Esta passagem vale por quanto tempo?	**How long is this ticket valid for?** *hau lóng iz DHiss tikit vælid fó:*
Posso levar a minha bicicleta no trem?	**Can I take my bicycle on the train?** *kænn ai teik mai baisikâl ónn DHâ treinn*
Em que vagão fica o meu lugar?	**Which coach is my seat in?** *witch koutch iz mai si:t inn*
O trem tem vagão-restaurante?	**Is there a dining car on the train?** *iz DHér â daining kar ónn DHâ treinn*

> – I'd like a ticket for Brighton, please.
> (Quero uma passagem para Brighton, por favor.)
> – *Single or return?* (Só de ida ou ida e volta?)
> – Return, please. (Ida e volta, por favor).
> – *That's fourteen pounds twenty.*
> (São quatorze libras e vinte.)
> – Do I have to change trains?
> (Tenho de mudar de trem?)
> – *Yes, you have to change at Clapham Junction.*
> (Sim, em Clapham Junction.)
> – Thank you. Bye. (Obrigado. Até logo.)

Horário dos trens Train timetable

Pode me conseguir um horário?	**Could I have a timetable?** *kud ai hæv â taimteibâl*
A que horas sai o... trem para...?	**When is the... train to...?** *wénn iz DHâ... treinn tu*
primeiro/próximo/último	**first/next/last** *fâ:st/nékst/la:st*

HORAS ➤ 220

De quanto em quanto tempo saem trens para...	**How frequent are the trains to...?** *hau fri:kwânt a: DHâ treinnz tu*	
uma/duas vezes por dia	**once/twice a day** *wanss/twaiss â dei*	
cinco vezes por dia	**five times a day** *faiv taimmz â dei*	
a toda hora	**every hour** *évri auâ*	
A que horas saem?	**What time do they leave?** *wót taimm du: DHei li:v*	
nas horas redondas/horas cheias	**on the hour** *ónn DHi auâ*	
vinte minutos depois da hora redonda	**twenty minutes past the hour** *twénti minits pa:st DHi auâ*	
A que horas o trem pára em...?	**What time does the train stop at...?** *wót taimm daz DHâ treinn stóp æt*	
A que horas o trem chega a...?	**What time does the train arrive in...?** *wót taimm daz DHâ treinn âraiv inn*	
Quanto tempo dura a viagem?	**How long is the journey?** *hau lóng iz DHâ djâ:ni*	
O trem está no horário?	**Is the train on time?** *iz DHâ treinn ónn taimm*	

Partidas Departures

De que plataforma sai o trem para...?	**Which platform does the train to... leave from?** *witch plætfó:mm daz DHâ treinn tu... li:v frâmm*
Onde fica a plataforma 4?	**Where is platform 4?** *wér iz plætfó:mm fó:*
lá	**over there** *ouvâ DHéa*
à esquerda/à direita	**on the left/on the right** *ónn DHâ léft/ónn DHâ rait*
Onde tenho de fazer baldeação para...?	**Where do I change for...?** *wéa du: ai tcheindj fó:*
Quanto tempo preciso esperar pela baldeação?	**How long will I have to wait for a connection?** *hau lóng wil ai hæv tu weit fór â kânékchânn*

EXPRESSÕES COMUNS ➤ 10–19; HORAS ➤ 220

Embarque Boarding

Esta é a plataforma certa do trem para…?	**Is this the right platform for the train to…?** *iz DHiss DHâ rait plætfó:mm fó: DHâ treinn tu*
Este é o trem para…?	**Is this the train to…?** *iz DHiss DHâ treinn tu*
Este lugar está ocupado?	**Is this seat taken?** *iz DHiss si:t teikânn*
Acho que esse é o meu lugar.	**I think that's my seat.** *ai THink DHæts mai si:t*
Há lugares/leitos vagos?	**Are there any available seats/berths?** *a: DHér éni âveilâbâl si:ts/bâ:TH*
Importa-se se eu…?	**Do you mind if…?** *du: yu: maind if*
me sentar aqui	**I sit here** *ai sit hi*
abrir a janela	**I open the window** *ai oupânn DHâ windou*

Durante a viagem On the trip

Quanto tempo vamos ficar parados aqui?	**How long are we stopping here for?** *hau lóng ar wi: stóping hia fó:*
Quando chegaremos a…?	**When do we get to…?** *wénn du: wi: ghét tu*
Já passamos por…?	**Have we passed…?** *hæv wi: pa:sst*
Onde fica vagão-restaurante/ vagão-leito?	**Where is the dining/sleeping car?** *wér iz DHâ daining/ssli:ping ka:*
Onde fica o meu leito?	**Where is my berth?** *wér iz mai bâ:TH*
Perdi minha passagem.	**I've lost my ticket.** *aiv lóst mai tikit*

EMERGENCY BRAKE	freio de emergência
ALARM	alarme
AUTOMATIC DOORS	portas automáticas

HORAS ➤ 220

Ônibus interurbano Coach

Os ônibus interurbanos (**coaches**) saem da rodoviária (**bus terminal**). Em Londres, a **Victoria Coach Station** é o principal ponto de partida.

Onde fica a rodoviária?	**Where is the coach station?** *wér iz DHâ koutch steichânn*
A que horas sai o próximo ônibus para... ?	**When's the next coach to…?** *wénnz DHâ nékst koutch tu*
De que plataforma sai?	**Which bay does it leave from?** *witch bei daz it li:v frâmm*
Onde ficam as plataformas?	**Where are the coach bays?** *wér a: DHâ koutch beiz*
O ônibus pára em…?	**Does the coach stop at…?** *daz DHâ koutch stóp æt*
Quanto tempo dura a viagem?	**How long does the journey take?** *hau lóng daz DHâ djâ:ni teik*

Ônibus urbano Bus

Nos novos ônibus, paga-se a passagem ao motorista (**driver**), mas nos ônibus antigos, com a porta na parte traseira, é preciso esperar o cobrador, que circula pelo veículo, para pagá-la.

Onde fica o terminal de ônibus?	**Where is the bus terminal?** *wér iz DHâ bass tâ:minâl*
Onde posso pegar um ônibus para…?	**Where can I get a bus to…?** *wéa kænn ai ghét â bass tu*
A que horas sai o... ônibus para... ?	**What time is the… bus to…?** *wót taimm iz DHâ… bass tu*

You need that stop over there/down the road.	É preciso ir até aquele ponto lá/um pouco mais adiante.
You need bus number…	Você deve pegar o ônibus número...
You must change buses at…	Você precisa fazer baldeação em...

BUS STOP	ponto/parada de ônibus
REQUEST STOP	parada solicitada
NO SMOKING	proibido fumar
(EMERGENCY) EXIT	saída (de emergência)

COMO PERGUNTAR O CAMINHO ➤ 94; HORAS ➤ 220

Compra de passagens Buying tickets

Onde compro a passagem?	**Where can I buy tickets?** *wéa kænn ai bai tikits*
Uma passagem... para..., por favor.	**A... ticket to..., please.** *â... tikit tu... pli:z*
só de ida	**single** *singâl*
de ida e volta	**return** *ritâ:nn*
cartão de viagem	**travel card** *trævâl ka:d*
por dia/por semana/por mês	**day/weekly/monthly** *dei/wi:kli/manTHli*
Quanto custa uma passagem para...?	**How much is the fare to...?** *hau match iz DHâ féa tu*

Na viagem Travelling

Este é o ônibus certo para...?	**Is this the right bus for...?** *iz DHis DHâ rait bass fó:*
Você poderia me dizer onde devo descer?	**Could you tell me when to get off?** *kud yu: tél mi: wénn tu ghét óf*
Quero descer aqui, por favor.	**I'd like to get off here, please.** *aid laik tu ghét óf hia pli:z*
Tenho de trocar de ônibus?	**Do I have to change buses?** *du: ai hæv tu tcheindj bassiz*
Quantas paradas são até...?	**How many stops are there to...?** *hau méni stóps a: DHéa tu*
No próximo ponto, por favor!	**Next stop, please!** *nékst stóp pli:z*

NIGHT BUS Ônibus noturno

– Excuse me. Is this the right bus for the town hall?
(Com licença. Este é o ônibus certo para a prefeitura?)
– *Yes, number 58.* (Sim, número 58.)
– A ticket to the town hall, please.
(Uma passagem para a prefeitura, por favor.)
– *That's one pound.* (É uma libra.)
– Could you tell me when to get off?
(Você poderia me dizer onde devo descer?)
– *In four stops.* (Daqui a quatro paradas.)

PASSAGENS ➤ 74

Metrô Underground/Tube

O metrô de Londres (**London underground** ou **tube**) é uma opção rápida e barata para se deslocar pela capital. As passagens são compradas em bilheterias automáticas ou com algum funcionário da estação. Guarde bem sua passagem, pois será pedida na saída, e verifique nas plataformas a direção dos trens (indicada no painel luminoso). Os carros circulam das 5h30min até a meia-noite.

Perguntas gerais General inquiries

Onde fica a estação de metrô mais próxima?	**Where's the nearest tube station?** *wéaz DHâ nirist tyu:b steichânn*
Onde posso comprar passagem?	**Where do I buy a ticket?** *wéa du: ai bai â tikit*
Você poderia me arranjar um mapa do metrô?	**Could I have a map of the underground?** *kud ai hæv â mæp âv DHi andâgraund*

Na viagem Travelling

Que linha devo tomar para…?	**Which line should I take for…?** *witch lainn chud ai teik fó:*
Este é o carro certo para…?	**Is this the right train for…?** *iz DHis DHâ rait treinn fó:*
Qual é a estação para…?	**Which stop is it for…?** *witch stóp iz it fó:*
Quantas estações faltam até…?	**How many stops is it to…?** *hau méni stóps iz it tu*
A próxima estação é…?	**Is the next stop…?** *iz DHâ nékst stóp*
Onde estamos?	**Where are we?** *wér a:r wi:*
Onde tenho de fazer baldeação para…?	**Where do I change for…?** *wéa du: ai tcheindj fó:*
A que horas sai o último carro para... ?	**What time is the last train to…?** *wót taimm iz DHâ la:st treinn tu*

WAY OUT	saída

NÚMEROS ➤ 216; PASSAGENS ➤ 79, 74

Barco/Balsa Boat/Ferry

As seguintes empresas levam à Grã-Bretanha, partindo da
França ou da Bélgica: Stena Sealink, Hoverspeed, Brittany
Ferries, P&O European Ferries, Sally Ferries, North Sea
Ferries. A Emeraude Lines e a Condor fazem a ligação entre o
oeste da França e as ilhas anglo-normandas.

A que horas sai a… balsa para Calais?	**When is the… car ferry to Calais?** *wénn iz DHâ… ka: féri tu «Calais»*
primeira/próxima/última	**first/next/last** *fâ:st/nékst/la:st*
o aerobarco/o barco	**hovercraft/ship** *ha:vâkra:ft/chip*
Uma passagem de ida e volta para…	**A return ticket for…** *â ritâ:nn tikit fó:*
um carro e um trêiler	**one car and one caravan** *wann kar ând wann kærâvænn*
2 adultos e 3 crianças	**two adults e three children** *tu: ædalts ând THri: tchildrânn*
Quero reservar uma cabine…	**I want to reserve a… cabin.** *ai wónt tu rizâ:v â… kæbinn*
para uma/duas pessoa(s)	**single/double** *singâl/dabâl*

NO ACCESS TO CAR DECKS	proibido acesso ao convés-garagem
LIFE BOAT	bote salva-vidas
LIFE BELTS	colete salva-vidas
MUSTER STATION	saguão de espera para embarque

Passeios de barco Boat trips

Em Londres, é possível fazer um passeio de lancha pelo Tâmisa. Há
também a opção de se deslocar para o país pelos seus canais alugando
embarcações inteiramente equipadas.

Há um/uma…?	**Is there a…?** *iz DHér â*
viagem de barco	**boat trip** *bout trip*
cruzeiro pelo rio	**river cruise** *rivâ kru:z*
A que horas sai/volta o barco?	**What time does the boat leave/return?** *wót taimm daz DHâ bout li:v/ritâ:nn*
Onde podemos comprar passagens?	**Where can we buy tickets?** *wéa kænn wi: bai tikits*

NÚMEROS ➤ 216; HORAS ➤ 220

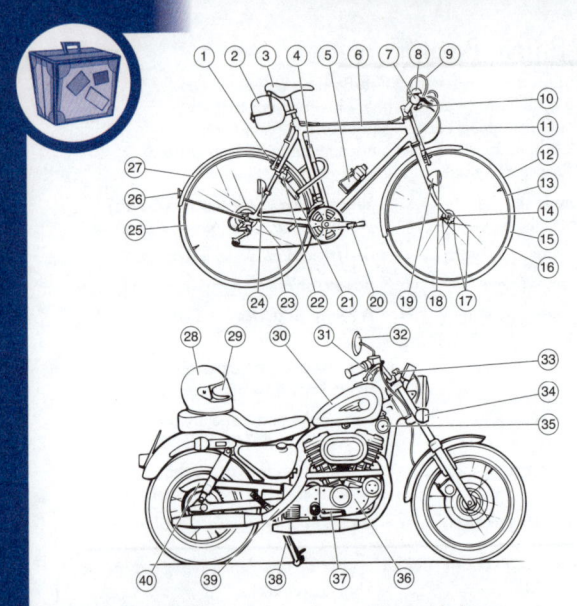

1 freios **brake pad**
2 bagageiro **bicycle bag**
3 selim **saddle**
4 bomba **pump**
5 garrafa d'água **water bottle**
6 quadro **frame**
7 guidão **handlebars**
8 campainha **bell**
9 alavanca de freio **brake cable**
10 alavanca de marcha **gear lever**
11 cabo de marcha **gear cable**
12 câmara de ar **inner tube**
13 roda dianteira/traseira **front/back wheel**
14 eixo da roda **axle**
15 pneu **tyre**
16 roda **wheel**
17 raios **spokes**
18 lâmpada do farolete **bulb**
19 farolete **headlamp**
20 pedal **pedal**
21 trava **lock**
22 dínamo **generator**
23 corrente **chain**
24 lanterna traseira **rear light**
25 aro da roda **rim**
26 olho-de-gato **reflectors**
27 pára-lama **mudguard**
28 capacete **helmet**
29 viseira **visor**
30 tanque de combustível **fuel tank**
31 embreagem **clutch lever**
32 espelho retrovisor **mirror**
33 ignição **ignition switch**
34 lanterna **indicator**
35 buzina **horn**
36 motor **engine**
37 pedal de marcha **gear stick**
38 descanso central **kick stand**
39 escapamento **exhaust pipe**
40 porta-corrente **chain guard**

CONSERTO DE AUTOMÓVEIS ➤ 89

Bicicleta/moto Bicycle/Motorbike

Em geral, os estabelecimentos que vendem bicicletas também as alugam. Para saber o endereço da loja mais próxima de onde você está hospedado, consulte as páginas amarelas (**Yellow Pages**), na rubrica **Cycle Shops**. A locação de mobiletes e motocicletas é menos usual.

Eu queria alugar uma...	**I'd like to rent a...** *aid laik tu rénnt â*
bicicleta de 3/10 marchas	**three-/ten-gear bicycle** *THri:-/ténn-ghia baissikâl*
mobilete	**moped** *moupéd*
motocicleta	**motorbike** *moutâbaik*
Quanto custa por dia/semana?	**How much does it cost per day/week?** *hau match daz it kóst pâ: dei/wi:k*
Preciso deixar um depósito?	**Do you require a deposit?** *du: yu: rikwaiâr â dipózit*
Os freios não funcionam.	**The brakes don't work.** *DHâ breiks dount wâ:k*
Os faróis não acendem.	**There are no lights.** *DHér a: nou laits*
O pneu dianteiro/traseiro está furado.	**The front/rear tyre has a puncture.** *DHâ frannt/ria taiâ hæz â panktchâ*

Carona Hitchhiking

Pedir carona é permitido na Inglaterra (exceto à beira das auto-estradas), mas é bem menos praticado que no continente europeu. Para conseguir uma carona, indique claramente para onde quer ir.

Aonde você/o senhor vai?	**Where are you heading?** *wér a: yu: héding*
Vou para...	**I'm heading for...** *aimm héding fó:*
Fica no caminho... ?	**Is that on the way to...?** *iz DHæt ónn DHâ wei tu*
Pode me deixar... ?	**Could you drop me off...?** *kud yu: drópp mi: óf*
aqui/em...	**here/at...** *hia/æt*
na saída...	**at the... exit** *æt DHâ... égzit*
no centro	**in the centre** *inn DHâ séntâ*
Obrigado por ter me trazido.	**Thanks for giving me a lift.** *THænks fó: ghiving mi: â lift*

COMO PERGUNTAR O CAMINHO ➤ 94; NÚMEROS ➤ 216

Táxi Taxi

Pode-se pegar um táxi na rua, num ponto ou chamar pelo telefone. Em Londres, os táxis comuns são pretos (**black cabs**) e têm um pequeno letreiro luminoso **"for hire"** quando estão livres. Já os mini-cabs são carros pequenos comuns. Quando os táxis não têm taxímetro, a tarifa é determinada de acordo com uma tabela oficial. É de praxe uma gorjeta de 10% a 15%.

Onde posso pegar um táxi?	**Where can I get a taxi?** wéa kænn ai ghét â tæksi
Eu queria um táxi...	**I'd like a taxi...** aid laik â tæksi
agora	**now** nau
daqui a uma hora	**in an hour** inn ânn auâ
amanhã às 9 horas	**tomorrow at nine o'clock** tâmórou æt nainn â klók
O endereço é... Vou para...	**The address is... I'm going to...** DHi âdréss iz... aimm gouing tu

FOR HIRE	livre

Leve-me até..., por favor.	**Please take me to...** pli:z teik mi: tu
o aeroporto	**the airport** DHi éapó:t
a estação ferroviária	**the rail station** DHâ reil steichânn
este endereço	**this address** DHiss âdréss
Quanto vai custar?	**How much will it cost?** hau match wil it kóst
Quanto é?	**How much is that?** hau match iz DHæt
O senhor disse... libras.	**You said... pounds.** yu: séd... paundz
O taxímetro mostra...	**On the meter it's...** ónn DHâ mi:târ its
Fique com o troco.	**Keep the change.** ki:p DHâ tcheindj

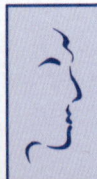

– Please take me to the station.
(Por favor, leve-me à estação ferroviária.)
– Certainly. (Pois não.)
– How much will it cost? (Quanto vai custar?)
– Six pounds, fifty... (Seis libras e cinqüenta...)
Here you are. (Chegamos.)
– Thank you. (Obrigado.)

NÚMEROS ➤ 216; COMO PERGUNTAR O CAMINHO ➤ 94

Carro Car

Se você decidiu conhecer a Grã-Bretanha de carro, precisa estar de posse da carteira de habilitação (**driving license**) nacional ou internacional dentro do prazo de validade, dos documentos de licenciamento do veículo (**vehicle registration**) e de uma apólice de seguro (**insurance documents**). É obrigatório usar um adesivo que indique seu país de origem.

Anda-se pelo lado esquerdo da rua e ultrapassa-se pela direita. A prudência é necessária nas rotatórias (**roundabouts**), onde a prioridade é do tráfego que vem da direita. Também é preciso prudência nas estradas de várias pistas, porque cada pista pode ser controlada por um semáforo diferente (luz vermelha para entrar à esquerda, luz verde para seguir em frente). Os pedrestres sempre têm prioridade na faixa de pedestres. O uso do cinto de segurança (**seat-belt**) é obrigatório nos bancos dianteiros e, nos traseiros, quando eles existirem no veículo.

A idade legal exigida para dirigir é 18 anos, mas para alugar um carro é preciso ter de 21 a 25 anos, dependendo da locadora.

Certa educação é de praxe ao volante; o costume é agradecer com um gesto de mão ao motorista que cede passagem. Na Inglaterra, ou se bebe ou se dirige. Os motoristas presos alcoolizados estão sujeitos a pagar multas elevadas e até à apreensão da carteira de habilitação.

Tabela de conversão

km	1	10	20	30	40	50	60	70	80	90	100	110	120	130
milhas	0.62	6	12	19	25	31	37	44	50	56	62	68	75	81

Rede rodoviária

A rede rodoviária, assim como sua sinalização, é excelente e não há pedágios.

M (**motorway**) – auto-estrada (sinalização com fundo azul)

A road – estrada principal (sinalização com fundo verde)

B road – estrada secundária (sinalização com fundo branco)

Ring road – anel viário periférico

Limites de velocidade

Salvo indicação contrária, o limite de velocidade é de 30 mph (48 km/h) em perímetro urbano, 60 mph (97 km/h) na estrada e 70 mph (113 km/h) em estradas de quatro pistas (**dual carriageways**) e auto-estradas.

Locação de automóveis Car hire

É preciso apresentar a carteira de habilitação (obtida há mais de um ano) e o passaporte. A idade mínima exigida varia de 21 a 25 anos, de acordo com a locadora.

É preferível usar cartão de crédito para evitar carregar quantias elevadas em dinheiro.

Onde posso alugar um carro?	**Where can I hire a car?** wéa kænn ai <u>hai</u>âr â ka:
Eu queria alugar um...	**I'd like to hire...** aid laik tu hai<u>â</u>
carro de 2 portas/4 portas	**a two-/four-door car** â tu:-/fó: dó: ka:
carro com câmbio automático	**an automatic** ânn ó:tâmætik
carro com ar-condicionado	**a car with air conditioning** â ka: wiTH éa kân<u>di</u>châning
Preciso dele por um dia/uma semana.	**I'd like it for a day/a week.** aid laik it fór â dei/â wi:k
Quanto custa por dia/por semana?	**How much does it cost per day/week?** hau match daz it kóst pâ: dei/wi:k
A quilometragem/o seguro está inclusa(o)?	**Is mileage/insurance included?** iz <u>mai</u>lidj/in<u>chu</u>rânss in<u>klu</u>:did
Há preços especiais para o fim de semana?	**Are there special weekend rates?** a: DHéa s<u>pé</u>châl <u>wi</u>:kénd reits
Posso entregar o carro em…?	**Can I return the car at…?** kæn ai ri<u>tâ:nn</u> DHâ ka:r æt
Qual o tipo de combustível do carro?	**What sort of fuel does it take?** wót só:t âv <u>fyu</u>:âl daz it teik
Onde fica o farol alto/farol baixo?	**Where is full/dipped beam?** wér iz ful/dipt bi:mm
Posso fazer um seguro total?	**Could I have full insurance?** kud ai hæv ful in<u>chu</u>rânns

May I see your driving license?	Sua carteira de habilitação, por favor.
Who will be driving?	Quem vai dirigir?
Please return the car by… on…	Por favor, devolva o carro no dia ... até as... horas

DIAS ➤ 218; PAGAMENTO ➤ 42

Posto de gasolina Petrol station

Onde fica o posto mais próximo?	**Where's the next petrol station?** *wéaz DHâ nékst pétrâl steichânn*
É auto-serviço?	**Is it self-service?** *iz it sélfsâ:viss*
Complete, por favor.	**Fill it up, please.** *fil it ap pli:z*
...litros de combustível, por favor.	**... litres of petrol, please.** *li:tâz âv pétrâl pli:z*
aditivada/comum	**super/regular** *su:pâ/régyulâ*
sem chumbo/diesel	**unleaded/diesel** *anlédid/di:zâl*
Estou na bomba número...	**I'm pump number...** *aimm pamp nambâ*
Onde fica o compressor de ar/água?	**Where's the air pump/water?** *wéaz DHi éa pamp/wó:tâ*

PRICE PER LITRE   preço por litro

Estacionamento Parking

É sempre um problema estacionar nas grandes cidades. O melhor é usar os estacionamentos verticais, onde se paga ao entrar ou sair. Nas cidades menores, é comum haver áreas de estacionamento gratuito perto do centro. Caso contrário, é preciso prestar atenção às marcações no chão: nunca estacione sobre as faixas que indicam a travessia de pedestres, numa linha amarela dupla ao longo da calçada (proibido estacionar) e, no horário comercial, numa linha amarela simples (estacionamento permitido à noite e aos domingos). Evite estacionar também nos locais marcados como **Permit holder only** ou **Residents** (somente os que têm licença especial ou os moradores podem estacionar ali).

Há um estacionamento aqui perto?	**Is there a car park nearby?** *iz DHér â ka: pa:k niâbai*
Quanto custa por hora/dia?	**What's the charge per hour/per day?** *wóts DHâ tcha:dj pâr auâ/pâ: dei*
Tem um trocado para o parquímetro?	**Have you got some change for the parking metre?** *hæv yu: gót samm tcheindj fó: DHâ pa:king mi:tâ*
Colocaram uma trava nas rodas por estacionamento irregular. Para quem devo telefonar?	**My car has been clamped. Who do I call?** *mai ka: hæz bi:nn klæmpt. hu: du: ai kó:l*

NÚMEROS ➤ 216; COMO PERGUNTAR O CAMINHO ➤ 94

Problemas com carro Breakdown

Em caso de problemas no carro, consulte os documentos fornecidos pela seguradora ou entre em contato com a oficina ou concessionária mais próxima. Na Grã-Bretanha, a assistência ao motorista é oferecida pelo **Royal Automobile Club** (RAC) e pela **Automobile Association** (AA).

Onde fica a oficina mais próxima?	**Where's the nearest garage?** *wéaz DHâ nirist gæra:j*
Meu carro quebrou.	**I've had a breakdown.** *aiv hæd â breikdaunn*
Você poderia mandar um mecânico/um guincho?	**Can you send a mechanic/breakdown truck?** *kænn yu: sénd â mikænik/ breikdaunn trak*
Sou sócio do serviço de assistência ao motorista...	**I belong to... recovery service.** *ai bilóng tu... rikavâri sâ:viss*
A placa do meu carro é...	**My registration number is...** *mai rédjistreichânn nambâr iz*
O carro está...	**The car is...** *DHâ ka:r iz*
na auto-estrada	**on the motorway** *ónn DHâ moutâwei*
a 2 km de...	**two kilometres from...** *tu: kilâmi:tâz frâmm*
Quanto tempo vai demorar?	**How long will you be?** *hau lóng wil yu: bi:*

Qual é o problema? What's wrong?

Não consigo dar a partida no carro	**My car won't start.** *mai ka: wount sta:t*
A bateria arriou.	**The battery is dead.** *DHâ bætâri iz déd*
Fiquei sem combustível.	**I've run out of petrol.** *aiv rann aut âv pétrâl*
O pneu furou.	**I've got a puncture.** *aiv gót â panktchâ*
Tem algum problema no...	**There's something wrong with...** *DHéaz sammTHing róng wiTH*
Tranquei o carro com as chaves dentro.	**I've locked the keys in the car.** *aiv lókt DHâ ki:z inn DHâ ka:*

TELEFONEMAS ➤ 127; PARTES DO CARRO ➤ 90–91

Consertos Repairs

Vocês consertam carros?	**Do you do repairs?** *du: yu: du: ripéaz*
Podem dar um jeito (temporário)?	**Can you repair it (temporarily)?** *kænn yu: ripér it (témprârili)*
Conserte apenas o que for essencial.	**Please make only essential repairs.** *pli:z meik ounnli issénchâl ripéaz*
Posso esperar?	**Can I wait for it?** *kænn ai weit fór it*
Pode consertar ainda hoje?	**Can you repair it today?** *kænn yu: ripér it tâdei*
Quando vai ficar pronto?	**When will it be ready?** *wénn wil it bi: rédi*
Quanto vai custar?	**How much will it cost?** *hau match wil it kóst*
Isso é um roubo!	**That's outrageous!** *DHæts autreidjâss*
Pode me dar um recibo para a seguradora?	**Can I have a receipt for the insurance?** *kænn ai hæv â risi:t fó: DHi inchurânns*

The... isn't working.	O/A... não funciona.
I haven't got the necessary parts.	Não tenho as peças necessárias.
I'll have to order the parts.	Preciso encomendar as peças.
I can only repair it temporarily.	Só posso dar um jeito temporário.
Your car is a write-off.	Nem vale a pena consertar.
It can't be repaired.	Não dá para consertar.
It will be ready...	Vai ficar pronto...
later today	hoje, mais tarde.
tomorrow	amanhã.
in... days	em... dias.

HORAS ➤ 220; NÚMEROS ➤ 216

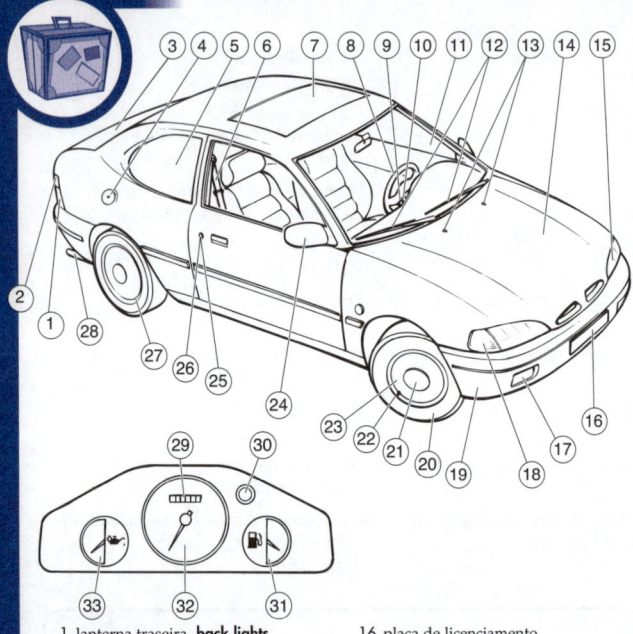

1. lanterna traseira **back lights**
2. luz de freio **brake lights**
3. bagageiro **boot**
4. tampa do reservatório de combustível **petrol cap**
5. janela **window**
6. cinto de segurança **seat belt**
7. teto solar **sunroof**
8. volante **steering wheel**
9. ignição **ignition**
10. chave da ignição **ignition key**
11. pára-brisa **windscreen**
12. limpador de pára-brisa **windscreen wipers**
13. esguicho **windscreen washer**
14. capô **bonnet**
15. faróis **headlights**
16. placa de licenciamento **license plate**
17. farol de neblina **fog lamp**
18. seta **indicators**
19. pára-choque **bumper**
20. pneus **tyres**
21. calota **wheel cover**
22. válvula **valve**
23. rodas **wheels**
24. espelho retrovisor externo **wing mirror**
25. fechadura geral **central locking**
26. fechadura **lock**
27. aro da roda **wheel rim**
28. escapamento **exhaust pipe**
29. odômetro **milometre**
30. pisca-alerta **warning light**

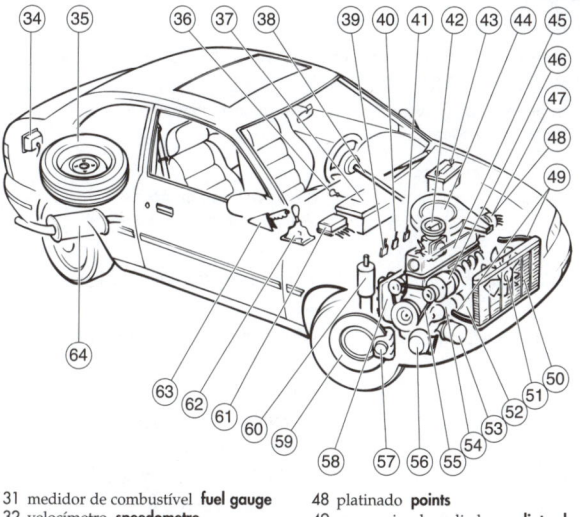

31 medidor de combustível **fuel gauge**
32 velocímetro **speedometre**
33 medidor da pressão do óleo **oil gauge**
34 luz de ré **reversing lights**
35 estepe **spare wheel**
36 afogador **choke**
37 aquecedor **heater**
38 coluna de direção **steering column**
39 acelerador **accelerator**
40 freio **pedal**
41 embreagem **clutch**
42 carburador **carburettor**
43 bateria **battery**
44 alternador **alternator**
45 eixo de comando **camshaft**
46 filtro de ar **air filter**
47 distribuidor **distributor**
48 platinado **points**
49 mangueira do radiador **radiator hose**
50 radiador **radiator**
51 hélice do ventilador **fan**
52 motor **engine**
53 filtro de óleo **oil filter**
54 motor de arranque **starter motor**
55 correia do ventilador **fan belt**
56 buzina **horn**
57 pastilhas de freio **brake pads**
58 caixa de câmbio **gearbox**
59 disco de freio **brakes**
60 amortecedores **shock absorbers**
61 fusíveis **fuses**
62 alavanca de câmbio **gear lever**
63 freio de mão **handbrake**
64 silenciador **silencer**

CONSERTO DE AUTOMÓVEIS ➤ *89*

Acidentes Accidents

Em caso de acidente:

1. avise a polícia (obrigatório se houver feridos);

2. diga seu nome, endereço e seguradora ao motorista do veículo;

3. avise sua seguradora e a do outro veículo;

4. não faça nenhuma declaração por escrito sem o auxílio de um advogado ou do representante da seguradora;

5. anote todas as informações relativas ao outro veículo, às possíveis testemunhas e ao acidente.

Houve um acidente.	**There has been an accident.** DHéa hæz bi:nn ânn æksidânt
Foi...	**It's...** its
na auto-estrada	**on the motorway** ónn DHá moutâwei
perto de...	**near...** nia
Onde fica o telefone mais próximo?	**Where's the nearest telephone?** wéaz DHâ nirist télifounn
Chame...	**Call...** kó:l
uma ambulância	**an ambulance** ânn æmbyulânns
um médico	**a doctor** â dóktâ
os bombeiros	**the fire brigade** DHâ faiâ brigheid
a polícia	**the police** DHâ pâli:ss
Pode me ajudar, por favor?	**Can you help me, please?** kænn yu: hélp mi pli:z

Feridos Injuries

Tem gente ferida.	**There are people injured.** DHér a: pi:pâl indjâd
Ninguém se feriu.	**No one is hurt.** nou wann iz hâ:t
Ele está gravemente ferido.	**He's seriously injured.** hi:z siriâssli indjâd
Ela desmaiou.	**She's unconscious.** chi:z ankónnchâss
Ele não consegue respirar/ se mexer.	**He can't breathe/move.** hi: ka:nt bri:DH/mu:v
Não o tire daí/não mexa nele.	**Don't move him.** dount mu:v himm

Questões legais Legal matters

Qual é sua seguradora?	**What's your insurance company?** *wóts yór inchurânnss kampâni*
Qual seu nome e endereço?	**What's your name and address?** *wóts yó: neimm ænd âdréss*
Ele colidiu com meu veículo.	**He ran into me.** *hi: rænn intu mi:*
Ela vinha muito depressa/ muito perto.	**She was driving too fast/too close.** *chi: wóz draiving tu: fa:st/tu: klouss*
Eu estava na preferencial.	**I had the right of way.** *ai hæd DHâ rait âv wei*
Eu estava apenas a... quilômetros por hora.	**I was only driving at... kilometres per hour.** *ai wóz ounli draiving æt... kilâmi:tâz pâr auâ*
Quero um intérprete.	**I'd like an interpreter.** *aid laik ânn intâ:pritâ*
Não vi a placa.	**I didn't see the sign.** *ai didânt si: DHâ sainn*
Ele/Ela viu o que aconteceu.	**He/She saw it happen.** *hi:/chi: só: it hæpânn*
A placa do carro era...	**The registration number was...** *DHâ rédjistreichânn nambâr wóz*

Can I see your...	Posso ver sua/seu...?
driving license	carteira de motorista
insurance certificate	apólice de seguro
vehicle registration document	documento de licenciamento do veículo
What time did it happen?	Que horas eram quando aconteceu?
Where did it happen?	Onde aconteceu?
Are there any witnesses?	Há testemunhas?
You were speeding.	Você estava em alta velocidade.
Your lights aren't working.	Os faróis (as lanternas) não estão funcionando.
You'll have to pay a fine (on the spot).	Você tem de pagar uma multa (agora mesmo).
We need you to make a statement at the police station.	Terá de ir à delegacia prestar depoimento.

POLÍCIA ➤ 161; *HORAS* ➤ 220

Como perguntar o caminho
Asking directions

Com licença.	**Excuse me, please.** *ikskyu:z mi: pli:z*
Como chego a...?	**How do I get to...?** *hau du: ai ghét tu*
Onde fica...?	**Where is...?** *wér iz*
Pode me mostrar neste mapa onde é que estou?	**Can you show me on the map where I am?** *kænn yu: chou mi: ónn DHâ mæp wér ai æmm*
Eu me perdi.	**I've lost my way.** *aiv lóst mai wei*
Pode repetir?	**Can you repeat that?** *kænn yu: ripi:t DHæt*
Mais devagar, por favor.	**More slowly, please.** *mó: sslouli pli:z*
Obrigado(a) pela ajuda.	**Thanks for your help.** *THænks fó: yó: hélp*

Viagem de carro Travelling by car

Esta é a estrada certa para...?	**Is this the right road for...?** *iz DHiss DHâ rait roud fó:*
...fica a quantos quilômetros daqui?	**How many kilometres is it to... from here?** *hau méni kilâmi:tâz iz it tu... frâmm hia*
Aonde leva esta estrada?	**Where does this road lead?** *wéa daz DHiss roud li:d*
Como chego à auto-estrada?	**How do I get onto the motorway?** *hau du: ai ghét óntu DHâ moutâwei*
Como se chama a próxima cidade?	**What's the next town called?** *wóts DHâ nékst taunn kó:ld*
Quanto tempo leva de carro?	**How long does it take by car?** *hau lóng daz it teik bai ka:*

– Excuse me. How do I get to the station?
(Com licença. Como faço para chegar à estação ferroviária?)
– Take the third turning on the right and then straight on.
(Pegue a terceira em frente à direita e depois siga em frente.)
– The third road on the right. Is it far?
(A terceira à direita. Fica longe?)
– It's about two miles.
(São mais ou menos duas milhas.)
– Thank you for your help. (Obrigado(a) pela ajuda.)
– You're welcome. (Não há de quê.)

Locação Location

It's…	Fica…
straight ahead	em frente
on the left	à esquerda
on the right	à direita
on the other side of the street	do outro lado da rua
on the corner	na esquina
around the corner	virando a esquina
in the direction of…	na direção de…
opposite…/behind…	em frente a…/atrás de…
next to…/after…	ao lado de…/ depois de…
Go down the…	Pegue a…
side street/main road	rua transversal/rua principal
Cross the…	Atravesse o/a…
square/bridge	praça/ponte
Take the third turning on the right.	Pegue a terceira entrada à direita.
Turn left…	Vire à esquerda…
after the first traffic lights	depois do primeiro semáforo (sinal)
at the second crossroad	no segundo cruzamento

De carro By car

It's… of here.	Fica… daqui.
north/south	ao norte/ao sul
east/west	a leste/a oeste
Take the road for…	Pegue a estrada para…
You're on the wrong road.	Você pegou o caminho errado.
You'll have to go back to…	Vai ter de voltar até…
Follow the signs for…	Siga as placas para…

Fica longe? How far?

It's…	Fica…
close/a long way	perto/longe
five minutes on foot	a cinco minutos a pé
ten minutes by car	a dez minutos de carro
about ten miles away	a umas dez milhas (16 km) de distância

HORAS ➤ 220; *NÚMEROS* ➤ 216

Placas de sinalização Road signs

USE HEADLIGHTS	use os faróis	
ALTERNATIVE ROUTE	caminho alternativo	
GIVE WAY	dê a preferência	
DIVERSION	desvio	
SCHOOL	escola	
LOW BRIDGE	ponte baixa	
GET IN LANE	mantenha-se na faixa	
ROAD CLOSED	estrada fechada	
ACCESS ONLY	acesso restrito	
ONE-WAY STREET	mão única	

Mapas urbanos Town plans

airport	*éapó:t*	aeroporto
bus route	*bass ru:t*	itinerário dos ônibus
bus stop	*bass stóp*	ponto/parada de ônibus
car park	*ka: pa:k*	estacionamento
cinema	*sinâmâ*	cinema
church	*tchâ:tch*	igreja
high street	*hai stri:t*	rua principal
information office	*infâmeichânn ófiss*	posto de informações/ órgão oficial de turismo
old town	*ould taunn*	centro velho
park	*pa:k*	parque
pedestrian crossing	*pidéstriânn króssing*	travessia de pedestres
pedestrian precinct	*pidéstriânn pri:sinkt*	área de pedestres
sports ground	*spó:ts graund*	área para prática de esportes
police station	*pâli:ss steichânn*	delegacia de polícia
post office	*poust ófiss*	agência do correio
public building	*pablik bilding*	patrimônio público
stadium	*steidiâmm*	estádio
station	*steichânn*	estação ferroviária
underground station	*andâgraund steichânn*	estação do metrô
underpass	*andâpa:ss*	passagem subterrânea
taxi rank	*tæksi rænk*	ponto de táxi
theatre	*THiâtâ*	teatro
you are here	*yu: a: hia*	você está aqui

Pontos turísticos

Posto de informações turísticas	97	Quem/Qual/Quando?	104
Excursões	98	Igrejas	105
Atrações turísticas	99	No campo	106
Entrada	100	Passeios monitorados	106
Impressões	101	Características geográficas	107
Glossário turístico	102		

Posto de informações turísticas
Tourist information

Encontram-se postos de informações turísticas no centro da maioria das cidades. São indicados por placas contendo um "i".

Onde fica o posto de informações turísticas?	**Where's the tourist office?** wéaz DHâ turist ófiss
O que de interessante para ver?	**What are the main points of interest?** wót a: DHâ meinn póints âv intrist
Vamos ficar...	**We're here for...** wia hia fó:
apenas algumas horas	**only a few hours** ounli â fyu: auâz
durante o dia	**a day** â dei
uma semana	**a week** â wi:k
Pode me/nos recomendar...?	**Can you recommend...?** kænn yu: rékâménd
um tour pela cidade	**a sightseeing tour** â saitsi:ing tua
uma excursão	**an excursion** ânn ikskâ:chânn
um passeio de barco	**a boat trip** â bout trip
Pode me dar informações sobre...?	**Have you got any information on...?** hæv yu: gót éni infâmeichânn ónn
Há viagens para...?	**Are there any trips to...?** a: DHér éni trips tu

DIAS ➤ 218

Excursões Excursions

Quanto custa esta excursão?	**How much does the tour cost?** *hau match daz DHâ tua kóst*
O almoço está incluso?	**Is lunch included?** *iz lantch in<u>klu</u>:did*
De onde sai a excursão?	**Where do we leave from?** *wéa du: wi: li:v frâmm*
A que horas a excursão começa?	**What time does the tour start?** *wót taimm daz DHâ tua sta:t*
A que horas vamos voltar?	**What time do we get back?** *wót taimm du: wi: ghét bæk*
Teremos tempo livre em...?	**Do we have free time in...?** *du: wi: hæv fri: taimm inn*
Há um guia que fale português?	**Is there a Portuguese-speaking guide?** *iz DHér â pó:tchughi:z <u>spi</u>:king gaid*

Na excursão On tour

Será que vamos ver...?	**Are we going to see...?** *a: wi: gouing tu si:*
Gostaríamos de ver....	**We'd like to have a look at...** *wi:d laik tu hæv â luk æt*
Podemos parar aqui...?	**Can we stop here...?** *kænn wi: stóp hia*
para tirar fotos	**to take photographs** *tu teik <u>fou</u>tâgræfs*
para comprar lembranças	**to buy souvenirs** *tu bai <u>su</u>:vâniâz*
para ir ao banheiro	**for the toilets** *fó: DHâ <u>tói</u>lits*
Pode tirar uma foto nossa, por favor?	**Would you take a photo of us, please?** *wud yu: teik â <u>fou</u>tou âv ass pli:z*
Quanto tempo ficaremos aqui/em...?	**How long do we have here/in...?** *hau lóng du: wi: hæv hia/inn*
Esperem!... ainda não voltou!	**Wait!... isn't back yet.** *weit!... <u>i</u>zânt bæk yét*

Atrações turísticas Sights

Geralmente há um mapa da cidade afixado nas ruas e nos principais locais, assim como nos postos de informações turísticas.

Onde fica o/a/os/as...?	**Where's the...?** _wéaz DHâ..._
abadia	**abbey** _æbi_
mirante	**viewpoint** _vyu:póint_
catedral	**cathedral** _kâTHi:drâl_
centro da cidade	**centre of town** _séntâr âf taunn_
campo de batalha	**battle site** _bætâl sait_
castelo	**castle** _ka:sâl_
cemitério	**cemetery** _sémitri_
igreja	**church** _tchâ:tch_
fonte, chafariz	**fountain** _fauntinn_
galeria de arte	**art gallery** _a:t gælâri_
prefeitura	**town hall** _taunn hó:l_
jardim botânico	**botanical garden** _bâtænikâl ga:dânn_
mercado	**market** _ma:kit_
mosteiro	**monastery** _mónâstri_
monumento (aos mortos na guerra)	**(war) memorial** _(wó:) mimó:riâl_
museu	**museum** _myu:zi:âmm_
teatro	**opera house** _ópârâ hauss_
palácio	**palace** _pæliss_
parque	**park** _pa:k_
parlamento	**parliament building** _pa:lâmânnt bilding_
ruas comerciais	**shopping area** _shóping éria_
ruínas	**ruins** _ru:innz_
estátua	**statue** _stætyu:_
teatro	**theatre** _THiâtâ_
torre	**tower** _tauâ_
centro velho	**old town** _ould taunn_
Pode me mostrar no mapa?	**Can you show me on the map?** _kænn yu: chou mi ónn DHâ mæp_

COMO PERGUNTAR O CAMINHO ➤ 94

Entrada Admission

Os museus costumam abrir por menos tempo no domingo. Também costumam fechar entre 24 e 26 de dezembro, em 1º de janeiro e na Sexta-Feira Santa.

O/A... está aberto ao público?	**Is... open to the public?** *iz... oupânn tu DHâ pablik*
Podemos dar uma olhada?	**Can we look around?** *kænn wi: luk âraund*
A que horas abre?	**What are the opening hours?** *wót a: DHi oupâning auâz*
A que horas fecha?	**When does it close?** *wénn daz it klouz*
... está aberto(a) aos domingos?	**Is... open on Sundays?** *iz... oupânn ónn sandiz*
A que horas é a próxima visita monitorada?	**When's the next guided tour?** *wénz DHâ nékst gaidid tua*
Tem um guia impresso (em português)?	**Have you got a guide book (in Portuguese)?** *hæv yu: gót â gaid buk (inn póitchughi:z)*
Posso tirar fotografias?	**Can I take photos?** *kænn ai teik foutouz*
Tem acesso para deficientes?	**Is there access for the disabled?** *iz DHér ækséss fó: DHâ disseibâld*
Há um áudio-guia em português?	**Is there an audio guide in Portuguese?** *iz DHér ânn ó:diou gaid inn póitchughi:z*

Pagamento/Ingressos Paying/Tickets

Quanto custa o ingresso?	**How much is the entrance fee?** *hau match iz DHi éntrânss fi:*
Tem desconto para... ?	**Are there any discounts for...?** *a: DHér éni diskaunts fó:*
crianças	**children** *tchildrânn*
deficientes físicos	**disabled** *disseibâld*
grupos	**groups** *gru:ps*
idosos, terceira idade	**senior citizens** *si:niâ sitizânz*
estudantes	**students** *styu:dânts*
Um adulto e duas crianças, por favor.	**One adult and two children, please.** *wann ædalt ænd tu: tchildrânn pli:z*
Perdi o meu ingresso.	**I've lost my ticket.** *aiv lóst mai tikit*

– Five tickets, please. Are there any discounts?
(Cinco ingressos, por favor. Tem desconto?)
– *Yes. Children and senior citizens pay half price.*
(Sim, crianças e terceira idade pagam meia.)
– Two adults and three children, please.
(Dois adultos e três crianças, por favor.)
– *That'll be £25.50 please.* (São £25,50, por favor.)

VISITING HOURS	horário de visita
OPEN	aberto
CLOSED	fechado
ADMISSION FREE	entrada gratuita
LATEST ENTRY AT 5 P.M.	entrada permitida até 17 horas
NEXT TOUR AT...	próxima visita monitorada às...
NO FLASH PHOTOGRAPHY	proibido fotografar com flash
GIFT SHOP	loja de suvenires
NO ENTRY	proibida a entrada

Impressões Impressions

É...	**It's...** *its*
divertido	**fun** *fann*
bonito	**beautiful** *byu:tifâl*
insólito	**bizarre** *biza:*
chato	**boring** *bó:ring*
de tirar o fôlego	**breathtaking** *bréTHteiking*
estranho	**strange** *streindj*
fantástico	**brilliant** *brilyânt*
interessante	**interesting** *intristing*
feio	**ugly** *agli*
magnífico	**magnificent** *mægnifisânt*
romântico	**romantic** *râmæntik*
espantoso/surpreendente	**stunning/amazing** *staning/âmeizing*
soberbo	**superb** *supâ:b*
terrível	**terrible** *téribâl*
Valeu o preço da entrada.	**It's good value.** *its gud vælyu:*
Isso é um roubo!	**It's a rip-off.** *its â ripóff*
Gostei.	**I like it.** *ai laik it*
Não gostei.	**I don't like it.** *ai dount laik it*

Glossário turístico
Tourist glossary

alcove alcova, nicho
altar(piece) altar
apse abside
armory arsenal
baths banhos/termas
battlement ameias
battlements muralha
beam viga
born in nascido em
brick tijolo
building prédio, construção
built in construído em
buttress contraforte
by (someone) de, por (alguém)
canvas tela
carving entalhe
ceiling teto
century século
choir (stall) coro
charcoal carvão
churchyard cemitério
clay argila
clock relógio (de mesa/de parede)
coin moeda
commissioned by encomendado por
completed in terminado em
cornerstone pedra angular
courtyard pátio
crafts artesanato
crown coroa
design concepção
designed by concebido por
destroyed by destruído por
detail detalhe
died morto
died in morto em
discovered in descoberto em
display exposição
display cabinet vitrine
donated by doado por
doorway entrada/porta
drawbridge ponte levadiça
drawing/design desenho
empress imperatriz
enamel verniz
engraving gravura
erected in erigido em
etching água-forte
exhibit objeto exposto
exhibition exposição
fine arts belas-artes
foliage ramagens
font pia batismal
formal garden jardim à francesa
founded in fundado em
foyer foyer/hall de entrada
foyer vestíbulo
fresco afresco
frieze frisa
furniture mobília
gable frontão
gargoyle gárgula
gate portão, portal
gemstone pedra preciosa
gilded dourado, folheado a ouro
gold (de) ouro
grave tomb túmulo
half-timbered com pilares e vigas de madeira aparente
hanging tapeçaria de parede
hanging buttress arcobotante
headstone lápide (vertical)

height altura
herringbone em espinha-de-peixe
in the style of no estilo de
ironwork ferro batido
jewellery jóias
king rei
landscape paisagem (quadro)
lecture conferência/palestra
level 1 nível 1
library biblioteca
lived morava
marble mármore
master mestre
masterpiece obra-prima
moat fosso
model modelo/maquete
molding moldura (arquitetônica)
mural mural
nave nave
oils pintura a óleo
on loan to emprestado a
organ órgão
overhanging projetado, em balanço
painted by pintado por
painter pintor
painting quadro, pintura
panel painel
paneling lambri
pediment frontão
picture imagem, figura
pillar pilar
pulpit púlpito
queen rainha
rebuilt in reconstruído em
reign reinado
restored in restaurado em
roof teto
royal apartments aposentos reais

scale 1:100 escala 1/100
school of... escola de...
seascape marinha (quadro)
shadow sombra
silver prata
silverware prataria
sketch esboço
spire flecha (arquitetônica)
stage palco
stained glass window vitral
staircase escadaria
stairs escada
started in começado em
stateroom salão de festas
still life natureza-morta
stone pedra
tableau quadro vivo
tapestry tapeçaria
temporary exhibit exposição temporária
terracotta terracota
tomb túmulo
tower torre
turret torreta
vault abóbada, cripta
wall parede
watercolor aquarela
waxwork estátua de cera
weapon arma
window janela
wing (of building) ala (de um prédio)
wood madeira
works obras

Quem/Qual/Quando?
Who/What/When?

Que edifício é esse?	**What's that building?** wóts DHæt *bil*ding
Quando foi construído?	**When was it built?** wénn wóz it bilt
Quem foi...?	**Who was...?** hu: wóz
o arquiteto/artista	**the architect/artist** DHi *a:*kitékt/*a:*tist
Pertence a que estilo?	**What style is that?** wót stáil iz DHæt
É de qual período?	**What period is that?** wót piriâd iz DHæt

Norman (Românico ou normando)   séculos XI-XII
Arquitetura em pedra que se distingue pelos arcos arredondados e pilastras grossas; época das grandes abadias e catedrais, como a catedral de Durham.

Gothic (Gótico)   séculos XII-XVI
Divide-se em três períodos: o **Early English** (gótico primitivo inglês) distingue-se pelas ogivas lanceadas e as cúpulas com ogivas cruzadas (catedral de Salisbury); o **Decorated** ("decorado") é um estilo ornado que apresenta uma nova concepção do espaço (Catedral de Ely); o **Perpendicular** caracteriza-se pelas linhas verticais (Capela de Saint George, em Windsor).

Tudor   séculos XV-XVI
Caracteriza-se pelos arcos ligeiramente arredondados e pelo uso de ornamentos e baixos-relevos.

Renaissance (Renascentista)   final do século XVI final do século XVII
Volta às formas clássicas sob influência do continente europeu.

Baroque (Barroco)   final do século XVII
Estilo menos desenvolvido na Grã-Bretanha que na França; arquitetos como sir Christopher Wren integram elementos barrocos às linhas clássicas.

Georgian (Georgiano)   século XVIII
Estilo elegante e opulento que caracteriza o reinado de George I, George II e George III.

Regency (Regência)   final do século XVIII - início do século XIX
Estilo eclético que deve seu nome à regência do então futuro George IV.

Victorian (Vitoriano)   século XIX
Renascimento do gótico no reinado da rainha Vitória (Palácio de Westminster, em Londres).

Reinados Rulers

Romanos (43-411 d.C.)
Invasão romana da "Bretanha" (*Britannia*) pelos romanos, em 43 d.C. sob o imperador Cláudio. A ilha até então era habitada pelos celtas.

Anglo-saxões e dinamarqueses (450-1066)
No século V, os invasores germânicos (anglos, jutos, saxões) expulsam os bretões para a Escócia, o País de Gales, a Cornualha, a Irlanda e a Armórica (atual Bretanha francesa). No final do século VIII, começam as incursões escandinavas; o domínio dinamarquês vai até 1066.

Normandos (1066-1154)
Em 1066, Guilherme, o Conquistador, duque da Normandia, reivindica a coroa inglesa. Início da dinastia anglo-normanda.

Os Plantagenetas (1154-1485)
Formação de um vasto império anglo-francês e primeira expansão territorial. Conflito com a França durante a Guerra dos Cem Anos (1337-1453).

Os Tudor (1485-1603)
Henrique VIII rompe com Roma depois do seu divórcio de Catarina de Aragão. No reinado de Elisabeth I (1558–1603), imposição do anglicanismo.

Os Stuart (1603-1714)
Jaime Stuart, da Escócia, sucede a Elisabeth I. União das duas coroas da Inglaterra e da Escócia. Guerra civil vencida pelas tropas de Oliver Cromwell.

Os Hanover (1714-1837) e a época vitoriana (1837-1901)
Em 18 de junho de 1815, Napoleão é derrotado pelos ingleses em Waterloo. O reinado da rainha Vitória é o ápice do poderio britânico.

Os Windsor (a partir de 1917)
Dinastia atual.

Igrejas Churches

O anglicanismo é a religião oficial. Todas as cidades têm uma ou várias igrejas anglicanas, protestantes, católicas, batistas ou reformadas.

uma igreja católica/protestante	**a Catholic/Protestant church** *â k__æ__THálik/prât__é__stant tchârtch*
uma mesquita/uma sinagoga	**mosque/synagogue** *mósk/s__i__nâgóg*
A que horas é o culto/a missa?	**What time is the service/mass?** *wót taimm iz DHâ s__â:__viss/mæss*
Queria me confessar.	**I'd like to go to confession.** *aid laik tu gou tu kânf__é__chânn*

No campo In the countryside

Queria um mapa do/da/dos/das... | **I'd like a map of...** *aid laik â mæp âv*

região	**this region** *DHiss ri:djânn*
trilhas para caminhadas	**walking routes** *wó:king ru:ts*
ciclovias/estradas onde se possa pedalar	**cycle routes/paths** *saikâl ru:ts/pa:THs*
...fica a que distância (daqui)?	**How far is it to...?** *hau far iz it tu*
Há alguma preferencial?	**Is there a right of way?** *iz DHér â rait âv wei*
Há rota turística para chegar a...?	**Is there a trail/scenic route to...?** *iz DHér â treil/si:nik ru:t tu*
Você poderia e mostrá-lo no mapa?	**Can you show me on the map?** *kænn you: chou mi ónn DHâ mæp*
Eu me perdi.	**I'm lost.** *aimm lost*

Passeios monitorados Guided tours

A que horas começa o passeio?	**When does the guided walk start?** *wénn daz DHâ gaidid wó:k sta:t*
A que horas vamos voltar?	**When will we return?** *wénn wil wi: ritâ:nn*
Estou esgotado(a).	**I'm exhausted.** *aimm igzó:stid*
Como é o passeio?	**What's the walk like?** *wóts DHâ wó:k laik*
fácil/mais ou menos/difícil	**gentle/medium/tough** *djéntâl/mi:diâmm/taf*
Que... é aquele/aquela?	**What kind of... is that?** *wót kaind âv... iz DHæt*
animal/pássaro	**animal/bird** *ænimâl/bâ:d*
flor/árvore	**flower/tree** *flauâ/tri:*

Características geográficas
Geographical features

área para piquenique	**picnic area**	*piknik éria*
bosque	**wood**	*wud*
cachoeira	**waterfall**	*wó:tâfó:l*
serra	**mountain range**	*mauntinn reindj*
campo	**field**	*fi:ld*
passo (de montanha)	**mountain pass**	*mauntinn pa:ss*
colina, morro	**hill**	*hil*
lagoa	**pond**	*pónd*
penhasco	**cliff**	*klif*
fazenda	**farm**	*fa:mm*
floresta	**forest**	*fórist*
gruta, caverna	**cave**	*keiv*
lago	**lake**	*leik*
mar	**the sea**	*DHâ si:*
montanha	**mountain**	*mauntinn*
panorama	**panorama**	*pænâra:mâ*
parque	**park**	*pa:k*
reserva natural	**nature reserve**	*neitchâ rizâ:v*
pico	**peak**	*pi:k*
mirante	**viewpoint**	*vyu:póint*
ponte	**bridge**	*bridj*
corredeira	**rapids**	*ræpidz*
rio	**river**	*rivâ*
riacho	**stream**	*stri:mm*
caminho/trilha	**(foot)path**	*(fut)pa:TH*
vale	**valley**	*væli*
vinhedo	**vineyard**	*vinnyâd*
aldeia	**village**	*vilidj*

Lazer

O que há para ver?	108	Entrada	112
Ingressos	109	Crianças	113
Cinema	110	Esportes	114
Teatro	110	Na praia	116
Ópera/Balé/Dança	111	Esqui	117
Shows/Concertos	111	Apresentações	118
Vida noturna	112	Telefonemas	127

O que há para ver? What's on?

Para se informar sobre os espetáculos em cartaz durante sua estada, o melhor é comprar um jornal local. Em Londres, o semanário **Time Out** e a revista **What's on in London** (destinada aos turistas) trazem uma lista de espetáculos e manifestações culturais, de alguns restaurantes e outras informações úteis.

Você tem um programa dos espetáculos?	**Do you have a programme of events?** du: yu: hæv â _prougræmm_ âv i_vénts_
Pode nos recomendar...?	**Can you recommend...?** kænn yu: rékâ_ménd_
Há algum espetáculo de... em cartaz?	**Is there a... on somewhere?** iz DHér â... ónn _sam_wé:
balé/concerto	**ballet/concert** bæ_lei_/_kónn_sât
filme	**film** film
ópera	**opera** _ó_pârâ

Disponibilidade Availability

A que horas começa?	**When does it start?** wénn daz it sta:t
A que horas termina?	**When does it end?** wénn daz it énd
Ainda há lugares para esta noite?	**Are there any seats for tonight?** a: DHér éni si:ts fó: tâ_nait_
Onde posso comprar ingresso?	**Where can I get tickets?** wé: kænn ai ghét _ti_kits
Somos... (número de pessoas)	**There are... of us.** DHér a:... âv ass

Ingressos Tickets

Quanto custa o ingresso?	**How much are the seats?** *hau match a: DHâ si:ts*
Tem algum ingresso mais barato?	**Have you got anything cheaper?** *hæv yu: gót éniTHing tchi:pâ*
Eu gostaria de reservar...	**I'd like to reserve...** *aid laik tu rizâ:v*
3 entradas para domingo à noite	**three seats for Sunday evening** *THri: si:ts fó: <u>sandi</u> i:vning*
1 lugar para a matinê de sexta-feira	**one seat for Friday matinée** *wann si:t fó: <u>fraidi</u> mætnei*

What's your credit card...?	Qual é o/a... do seu cartão de crédito?
number	número
type	tipo
expiry date	data de validade
Please pick up the tickets by... p.m.	Venha buscar as entradas antes das... horas (da noite).
at the reservations desk	no guichê de reservas

Pode me conseguir um programa, por favor?	**May I have a programme, please?** *mei ai hæv â <u>prougræmm</u> pli:z*
Onde fica a chapelaria?	**Where's the cloak room?** *wéaz DHâ klouk ru:mm*

– *Can I help you?* (Posso ajudá-lo?)
– *I'd like to reserve 3 seats for tonight's concert.*
(Gostaria de reservar 3 entradas para o concerto desta noite.)
– *Certainly.* (Muito bem.)
– *Can I pay by credit card?*
(Posso pagar com cartão de crédito?)
– *Yes, of course.* (Sim, claro.)
– *In that case, I'll use VISA.*
(Neste caso, vou usar o meu cartão VISA.)
– *Thank you... Can you sign here, please?*
(Obrigado. Pode assinar aqui, por favor?)

ADVANCE BOOKINGS	reservas
TICKETS FOR TODAY	ingressos para hoje
SOLD OUT	esgotado

NÚMEROS ➤ 216

Cinema Cinema

Sempre há vários filmes estrangeiros em cartaz, principalmente em Londres e nos cinemas de arte das cidades universitárias.

Raramente os filmes são dublados (**dubbed**) na Inglaterra.

Não se dá gorjeta aos lanterninhas.

Há um cinema aqui perto?	**Is there a multiplex cinema near here?** iz DHér â maltipléks sinâmâ nia hia
O que está passando esta noite no cinema?	**What's on at the cinema tonight?** wóts ónn æt DHâ sinâmâ tânait
O filme é dublado/legendado?	**Is the film dubbed/subtitled?** iz DHâ film dabd/sabtaitâld
O filme está na versão original?	**Is the film in the original?** iz DHâ film inn DHi âridjinâl
Um/uma…, por favor.	**A…, please.** â… pli:z
caixa de pipoca	**box of popcorn** bóks âv pópkó:nn
sorvete de chocolate	**choc-ice** tchók-aiss
cachorro-quente	**hot dog** hót dóg
refrigerante	**soft drink** sóft drink
pequeno/médio/grande	**small/regular/large** ssmó:l/régyulâ/la:dj

Teatro Theatre

O que está em cartaz no teatro…?	**What's playing at the… Theatre?** wóts plei-ing æt DHâ… THiâtâ
Quem é o autor?	**Who's the playwright?** hu:z DHâ pleirait
Você acha que vou gostar?	**Do you think I'd enjoy it?** du: yu THink aid indjói it
Não entendo bem inglês.	**I don't understand much English.** ai dount ândâstænd match inglich

Ópera/Balé/Dança
Opera/Ballet/Dance

Onde fica o teatro lírico?	**Where's the opera house?** *wéaz DHi ópârâ hauss*
Quem é o compositor/solista?	**Who's the composer/soloist?** *hu:z DHâ kâmpouzâ/soulouist*
É preciso usar traje a rigor?	**Is formal dress expected?** *iz fó:mâl dréss ikspéktid*
Quem está dançando?	**Who's dancing?** *hu:z da:nsing*
Eu me interesso por dança contemporânea.	**I'm interested in contemporary dance.** *aimm inntréstid inn kântémpârâri da:nss*

Shows/Concertos Music/Concerts

Onde fica a sala de concertos?	**Where's the concert hall?** *wéaz DHâ kónnsât hó:l*
Que orquestra/grupo vai tocar?	**Which orchestra/band is playing?** *witch ó:kistrâ/bænd iz plei-ing*
O que vão tocar?	**What are they playing?** *wót a: DHei plei-ing*
Quem é o maestro/o solista?	**Who is the conductor/soloist?** *hu: iz DHâ kânndaktâ/soulouist*
Que grupo vai fazer a abertura?	**Who is the support band?** *hu: iz DHâ sâpó:t bænd*
Gosto muito de...	**I really like...** *ai riâli laik*
música *country*	**country music** *kantri myu:zik*
música folclórica	**folk music** *fouk myu:zik*
jazz	**jazz** *djæz*
música dos anos 60	**music of the 60s** *myu:zik âv DHâ sikstiz*
música pop	**pop** *póp*
rock	**rock music** *rók myu:zik*
soul	**soul music** *soul myu:zik*
Já ouviu falar dela/dele?	**Have you ever heard of her/him?** *hæv yu: évâ hâ:d âv hâ:/himm*
São famosos?	**Are they popular?** *a: DHei pópyulâ*

111

Vida noturna Nightlife

	O que há para fazer à noite?	**What is there to do in the evenings?** *wót iz DHéa tu du: inn DHi i:vningz*
	Pode me recomendar um(a)...?	**Can you recommend a...?** *kænn yu: rékâménd â*
	Há um/uma... na cidade?	**Is there a... in town?** *iz DHér â... inn taunn*
	bar	**bar** *ba:*
	cassino	**casino** *kâsi:nou*
	bar *gay*	**gay club** *ghei klab*
	danceteria	**discotheque** *diskâték*
	nightclub/boate	**nightclub** *naitklab*
	restaurante	**restaurant** *réstârónt*
	Tocam que tipo de música?	**What type of music do they play?** *wót taip âv myu:zik du: DHei plei*
	Como chego lá?	**How do I get there?** *hau du: ai ghét Dhéa:*

Entrada Admission

A que horas começa o espetáculo?	**What time does the show start?** *wót taimm daz DHâ chou sta:t*
É preciso usar traje a rigor?	**Is evening dress required?** *iz i:vning dréss rikwaiâd*
É preciso pagar *couvert*?	**Is there a cover charge?** *iz DHér â kavâ tcha:dj*
É preciso fazer reserva?	**Is a reservation necessary?** *iz â rézâveichânn néssissâri*
É preciso ser sócio?	**Do we have to be members?** *du: wi: hæv tu bi: mémbâz*
De quanto tempo é a fila de espera?	**How long will we have to queue?** *hau lóng wil wi: hæv tu kyu:*
Quero uma boa mesa.	**I'd like a good table.** *aid laik â gud teibâl*

INCLUDES 1 COMPLIMENTARY DRINK inclui uma bebida grátis

Crianças Children

Pode recomendar alguma coisa para as crianças?	**Can you recommend something for the children?** kænn yu: rékâménd samTHing fó: DHâ tchildrânn
Há algum lugar para trocar a fralda do bebê?	**Are there changing facilities here for babies?** a: DHé: tcheindjing fâsilitiz hia fó: beibiz
Onde fica o toalete?	**Where are the toilets?** wér a: DHâ tóilits
Parquinho para crianças	**playground** pleigraund
Parque de diversões	**fairground** féagraund
Fliperama	**amusement arcade** âmyu:zmânt a:keid
recreação	**playgroup/nursery school** pleigru:p/nâ:sâri ssku:l
piscina infantil	**paddling pool** pædling pu:l
jardim zoológico	**zoo** zu:

Com quem deixar as crianças Baby-sitting

Pode me recomendar uma babá?	**Can you recommend a baby-sitter?** kænn yu: rékâménd â beibi-sitâ
A supervisão é constante?	**Is there constant supervision?** iz DHéa kónstânt su:pâvijânn
O pessoal é bem treinado?	**Are the helpers properly trained?** a: DHâ hélpâz própâli treind
A que horas posso deixá-los?	**When can I drop them off?** wénn kænn ai dróp DHémm óf
Venho buscá-los às...	**I'll pick them up at...** áil pik DHémm ap æt
Voltaremos às...	**We'll be back by...** wi:l bi: bæk bai
Ela tem 3 anos, e ele, 18 meses.	**She's three and he's eighteen months.** chi:z THri: ænd hi:z eiti:nn manTHs

Esportes Sports

Os britânicos amam esportes, principalmente futebol, rúgbi, críquete, tênis, equitação e golfe. Durante a sua estada, você também pode aproveitar para andar de bicicleta, fazer caminhadas (**footpaths**) e, dependendo da época, praticar esportes náuticos ou esqui (na Escócia).

O críquete

É jogado por dois times de onze jogadores. O **bowler** (lançador) e os dez **fielders** (campistas) pertencem a um time, os dois **batsmen** (batedores) são do time adversário. O lançador da bola tenta eliminar o batedor derrubando o **wicket** (três varetas fincadas no solo). O batedor tenta, por sua vez, jogar a bola o mais longe possível, o que lhe permite correr entre os dois **wickets** e ganhar os **runs** (corridas). É bom saber que um mesmo jogo pode durar vários dias.

Corrida de galgos

É um esporte muito popular e se estende por noites inteiras em estádios onde se podem fazer refeições.

Futebol

Os times da primeira divisão das federações inglesa e escocesa de futebol são conhecidos no mundo inteiro. Portanto, é dificílimo conseguir ingressos para assistir aos jogos; é preciso ser sócio de algum clube ou procurar uma agência de venda de ingressos, como a **Ticketmaster**, que cobrará uma comissão sobre o preço original. Fora isso, em geral se pode assistir aos jogos nos pubs e bares, em telões, e assim conhecer o clima reinante.

Tênis

O torneio de tênis de Wimbledon, internacionalmente conhecido, é realizado todos os anos no final de junho no clube de tênis All England. Um dos últimos torneios importantes ainda realizados em quadra de grama, é marcado pela tradição.

Pode-se consumir morangos com creme a um preço bastante elevado, além do coquetel tradicional do verão, que é o Pimms (bebida à base de gim, quinino e ervas) com limonada. Em geral é difícil conseguir ingressos. A maior parte é distribuída por sorteio com seis meses de antecedência. No entanto, pode-se chegar ao clube bem cedo ou mesmo na véspera do jogo e tentar comprar algum ingresso que tenha sobrado. Quanto mais cedo você chegar, maior a possibilidade de conseguir um bom lugar. A estação do metrô mais próxima é Southfields, ligada ao clube por um serviço de transporte circular.

Espectador Spectating

Haverá jogo de futebol no sábado?	**Is there a football match this Saturday?** *iz DHér â futbó:l mætch DHiss sætâdi*
Que times vão jogar?	**Which teams are playing?** *witch ti:mmz a: plei-inng*
Pode me conseguir um ingresso?	**Can you get me a ticket?** *kænn yu: ghét mi â tikit*
Quanto custa um ingresso?	**What's the admission charge?** *wóts DHi âdmichânn tcha:dj*
Onde fica o hipódromo?	**Where's the racecourse?** *wéaz DHâ reisskó:ss*
Onde posso fazer uma aposta?	**Where can I place a bet?** *wéa kænn ai pleiss â bét*
Qual a probabilidade de...?	**What are the odds on...?** *wót a: DHi ódz ónn*

atletismo	**athletics**	*æTHlétiks*
basquete(bol)	**basketball**	*ba:skitbó:l*
ciclismo	**cycling**	*saikling*
futebol	**football**	*futbó:l*
golfe	**golf**	*gólf*
corrida de cavalos	**horseracing**	*hó:ssreissing*
natação	**swimming**	*swiming*
tênis	**tennis**	*téniss*
vôlei(bol)	**volleyball**	*vólibó:l*

Esportistas Playing

Onde fica o... mais próximo?	**Where's the nearest...?** *wéaz DHâ nirist*
campo de golfe	**golf course** *gólf kó:ss*
clube de esportes	**sports club** *spó:ts klab*
Onde ficam as quadras de tênis?	**Where are the tennis courts?** *wér a: DHâ téniss kó:ts*
Quanto custa por...?	**What's the charge per...?** *wóts DHâ tcha:dj pâ:*
dia/partida/hora	**day/round/hour** *dei/raund/auâ*

	É preciso ser sócio?	**Do I need to be a member?** du: ai ni:d tu bi: â <u>mém</u>bâ
	Onde posso alugar...?	**Where can I hire...?** wéa kænn ai <u>hai</u>â
	botas/calçados	**boots** bu:ts
tacos (de golfe)		**clubs** klabs
equipamento		**equipment** i<u>kwip</u>mânt
raquete		**rackets** <u>ræ</u>kits
Como eu faço para ter algumas aulas?		**Can I take lessons?** kænn ai teik <u>lé</u>sânz
Vocês têm sala de musculação?		**Do you have a fitness centre?** du: yu: hæv â <u>fit</u>niss <u>sén</u>tâ
Posso participar?		**Can I join in?** kænn ai djóinn inn

I'm sorry, we're booked up.	Desculpe, está lotado.
There is a deposit of...	É preciso pagar um depósito de...
What size are you?	Qual é seu tamanho?
You need a passport size photo.	É preciso uma fotografia 5x7.

NO FISHING	proibido pescar
PERMIT HOLDERS ONLY	só com permissão
CHANGING ROOMS	vestiário

Na praia At the beach

As praias dos balneários ingleses tradicionais como Brighton e Blackpool têm pouco interesse para os turistas. Por outro lado, as praias da Cornualha, do País de Gales, da região de Norfolk e das ilhas anglo-normandas são bem mais atraentes. Atenção, porém, às correntes marinhas; água é bem fria.

Nas praias mais freqüentadas há um salva-vidas (**lifeguards**), mas cuidado com as enseadas e praias mais isoladas.

Esta é uma praia de… ?	**Is the beach…?** *iz DHâ bi:tch*
pedras/areia	**pebbly/sandy** *pébli/sændi*
Tem um/uma… aqui?	**Is there a… here?** *iz DHér â… hia*
piscina para crianças	**children's pool** *tchildrânnz pu:l*
piscina…	**… swimming pool** *swiming pu:l*
coberta/ao ar livre	**indoor/open-air** *inndó:/oupânn-éa*
Posso nadar/mergulhar aqui sem perigo?	**Is it safe to swim/dive here?** *iz it seif tu swimm/daiv hia*
É seguro para crianças?	**Is it safe for children?** *iz it seif fó: tchildrânn*
Há salva-vidas?	**Is there a lifeguard?** *iz DHér â laifga:d*
Eu queria alugar um/uma/uns/umas…	**I want to hire a/some…** *ai wónt tu haiâ â/samm*
espreguiçadeira	**deck chair** *dék tchéa*
jet ski	**jet ski** *djét ski:*
barco a motor	**motorboat** *moutâbout*
equipamento de mergulho	**skin-diving equipment** *skinn-daiving ikwipmânt*
guarda-sol	**sun umbrella** *sann âmbrélâ*
prancha de surfe	**surfboard** *sâ:fbó:d*
esqui aquático	**waterskis** *wó:tâski:z*

Esqui Skiing

É possível praticar esqui alpino (**downhill skiing**) e esqui **cross country** na Escócia, principalmente em Aviemore, Glenshee e Glen Coe. Os equipamentos são bons, ainda que o circuito seja um tanto limitado.

Há bastante neve?	**Is there much snow?** *iz DHéa match ssnou*
Eu queria alugar…	**I'd like to hire some…** *aid laik tu haiâ samm*
bastões/esquis	**poles/skis** *poulz/sski:z*
botas de esqui	**ski boots** *sski: bu:ts*

Apresentações Introductions

Os ingleses são muito formais, e boas maneiras são obrigatórias.

Cumprimenta-se o interlocutor com um **good morning** (pela manhã), **good afternoon** (à tarde) ou **good evening** (no início da noite), seguido de **How do you do?** (como vai?), uma fórmula de cortesia à qual se responde do mesmo modo. Também se pode dizer **Pleased to meet you** (literalmente, "prazer em conhecê-lo").

É importante saber que os ingleses não costumam se abraçar, os apertos de mão não são comuns, em geral só usados na primeira vez em que os interlocutores se encontram. Preferem dar um bom-dia ou até logo com um pequeno gesto de mão.

Também se observa que os ingleses não fazem distinção de tratamento (usa-se **you** tanto para "você" quanto para "o senhor" ou a "senhora").

Bom dia, acho que não nos conhecemos.	**Hello, we haven't met, I believe?** *hâlou wi: hævânnt mét ai bili:v*
Eu me chamo...	**My name's...** *mai neimmz*
Posso lhe apresentar...?	**May I introduce...?** *mei ai intrâdyu:ss*
Prazer em conhecê-lo.	**Pleased to meet you.** *pli:zd tu mi:t yu:*
Como se chama?	**What's your name?** *wóts yó: neimm*
Como vai?	**How are you?** *hau a: yu:*
Bem, obrigado. E você/ o senhor/a senhora?	**Fine, thanks. And you?** *fainn THænks. ænd yu:*

– Hello, how are you? (Olá, como vai?)
– Fine, thanks. And you?
(Muito bem, obrigado. E o senhor?)
– Very well, thank you. (Muito bem, obrigado.)

De onde você é? Where are you from?

De onde você é?	**Where do you come from?** *wéa du: yu: kamm frâmm*
Onde nasceu?	**Where were you born?** *wéa wâ: yu: bó:nn*
Venho...	**I'm from...** *aimm frâmm*
do Brasil	**Brazil** *brâzil*
Onde mora?	**Where do you live?** *wéa du: yu: liv*
De que parte da/do... você é?	**What part of... are you from?** *wót pa:t âv... a: yu: frâmm*
Inglaterra	**England** *innglând*
Irlanda	**Ireland** *aiâlând*
Escócia	**Scotland** *skótlând*
País de Gales	**Wales** *weilz*
Costumamos vir aqui todos os anos.	**We come here every year.** *wi: kamm hia évri yia*
É minha/nossa primeira visita.	**It's my/our first visit.** *its mai/auâ fâ:st vizit*
Você já esteve...?	**Have you ever been to...?** *hæv yu: évâ bi:nn tu*
no Brasil	**Brazil** *brâzil*
Está gostando daqui?	**Do you like it here?** *du: yu: laik it hia*
O que acha do/da/dos/das...?	**What do you think of the...?** *wót du: yu: THink âv DHâ*
Adoro o/a/os/as... daqui.	**I love the... here.** *ai lav DHâ... hia*
Não gosto muito do/da/dos/das... daqui.	**I don't really like the... here.** *ai dount riâli laik DHâ... hia*
culinária/pessoas	**food/people** *fu:d/pi:pâl*

Com quem você está?
Who are you with?

Com quem você está?	**Who are you with?** *hu: a: yu: wiDH*
Estou sozinho(a).	**I'm on my own.** *aimm ónn mai ounn*
Estou com um(a) amigo(a).	**I'm with a friend.** *aimm wiDH â frénd*
Estou com meu/minha/ meus/minhas...	**I'm with my...** *aimm wiDH mai*
mulher	**wife** *waif*
marido	**husband** *hazbând*
família	**family** *fæmâli*
filhos	**children** *tchildrânn*
pais	**parents** *pérânts*
namorado/namorada	**boyfriend/girlfriend** *bóifrénd/gâ:lfrénd*
pai/filho	**father/son** *fa:DHâ/sann*
mãe/filha	**mother/daughter** *maDHâ/dó:tâ*
irmão/tio	**brother/uncle** *braDHâ/ankâl*
irmã/tia	**sister/aunt** *sistâ/a:nt*
Como se chama seu filho/ sua mulher?	**What's your son's/wife's name?** *wóts yó: sannz/waifs neimm*
É casado(a)?	**Are you married?** *a: yu: mærid*
Sou...	**I'm...** *aimm*
casado(a)/solteiro(a)	**married/single** *mærid/singâl*
divorciado(a)/separado(a)	**divorced/separated** *divó:st/sépâreitid*
noivo(a)	**engaged** *inngheidjd*
Moramos juntos.	**We live together.** *wi: liv tâghéDHâ*
Têm filhos?	**Have you got any children?** *hæv yu: gót éni tchildrânn*
Dois meninos e uma menina.	**Two boys and a girl.** *tu: bóiz ænd â gâ:l*
Que idade têm?	**How old are they?** *hau ould a: DHei*
Têm dez e doze anos.	**They are ten and twelve.** *DHei a: ténn ænd twélv*

O que você faz? What do you do?

O que você faz na vida?	**What do you do?** *wót du: yu: du:*
Qual seu tipo de trabalho?	**What line are you in?** *wót lainn a: yu: inn*
O que está estudando?	**What are you studying?** *wót a: yu: stadi-ing*
Estou estudando...	**I'm studying...** *aimm stadi-ing*
Trabalho com...	**I'm in...** *aimm inn*
comércio	**business** *bizniss*
engenharia	**engineering** *éndjini:ring*
varejo	**retail** *ri:teil*
vendas	**sales** *seilz*
Onde você/o senhor trabalha?	**Who do you work for...?** *hu: du: yu: wâ:k fó:*
Trabalho na...	**I work for...** *ai wâ:k fó:*
Sou...	**I'm...** *aimm*
contador	**an accountant** *ânn âkauntânt*
dona de casa	**a housewife** *â hausswaif*
estudante	**a student** *â styu:dânt*
aposentado(a)	**retired** *ritaiâd*
desempregado(a)	**unemployed** *ânimplóid*
Sou autônomo.	**I'm self-employed.** *aimm sélfimplóid*
Quais são os seus interesses/hobbies?	**What are your interests/hobbies?** *wót a: yór intrists/hóbiz*
Gosto de...	**I like...** *ai laik*
música	**music** *myu:zik*
leitura	**reading** *ri:ding*
esportes	**sport** *spó:t*
Jogo...	**I play...** *ai plei*
Quer jogar...?	**Would you like to play...?** *wud yu: laik tu plei*
cartas	**cards** *ka:dz*
xadrez	**chess** *tchéss*

PROFISSÕES, HOBBIES ➤ GLOSSÁRIO 170

Que tempo! What weather!

	Que lindo dia!	**What a lovely day!** wót â *lavli* dei
	Que tempo horrível!	**What awful weather!** wót *ó:*fâl wé*DH*â
Como está frio/quente hoje!		**Isn't it cold/hot today!** izânnt it kould/hót tâ*dei*
Aqui costuma ser tão quente?		**Is it usually as warm as this?** iz it *yu:*jwâli æz wó:mm æz DHiss
Acha que vai... amanhã?		**Do you think it's going to... tomorrow?** du: yu: THink its *gou*ing tu... tâ*mó*rou
fazer bom tempo		**be a nice day** bi: â naiss dei
chover		**rain** reinn
nevar		**snow** ssnou
Qual a previsão do tempo?		**What's the weather forecast?** wótz DHâ wé*DH*â *fó:*ka:st
Está...		**It's...** its
nublado		**cloudy** *klau*di
com nevoeiro		**foggy** *fó*ghi
com geada		**frosty** *fró*sti
gelado/com gelo		**icy** *ai*ssi
trovejando		**thundery** THan*dâ*ri
com muito vento		**windy** *win*di
Chove.		**It's raining.** its *rei*ning
Neva.		**It's snowing.** its *ssnou*ing
Faz sol.		**It's sunny.** its *sa*ni
Faz tempo que o clima está assim?		**Has the weather been like this for long?** hæz DHâ wé*DH*â bi:nn laik DHiss fâ lóng
Qual é a contagem de pólen?		**What's the pollen count?** wóts DHâ *pó*lânn kaunt
alta/média/baixa		**high/medium/low** hai/*mi*:diâmm/lou

WEATHER FORECAST — previsão do tempo

Está gostando da viagem?
Enjoying your trip?

Are you on holiday?	Está em férias?
How did you travel here?	Como você chegou aqui?
Where are you staying?	Onde está hospedado?
How long have you been here?	Há quanto tempo está aqui?
How long are you staying?	Quanto tempo vai ficar?
What have you done so far?	O que fez até agora?
Where are you going next?	Aonde vai depois?
Are you enjoying your holiday?	Está gostando das férias?

Estou aqui...	**I'm here on...** *aimm hir ónn*
a negócios	**a business trip** *â bizniss trip*
de férias	**holiday** *hólidei*
Viemos...	**We came...** *wi: keimm*
de trem/ônibus/avião	**by train/bus/plane** *bai treinn/bai bass/bai pleinn*
de carro/barca	**by car/ferry** *bai ka:/bai féri*
Aluguei um carro.	**I have a hire car.** *ai hæv â haiâ ka:*
Estamos hospedados...	**We're staying...** *wia stei-ing*
num apartamento	**in a flat** *inn â flæt*
num hotel/acampamento	**at a hotel/campsite** *æt â houtél/kæmpsait*
na casa de amigos	**with friends** *wiDH fréndz*
Pode me/nos aconselhar...?	**Can you suggest...?** *kænn yu: sâdjést*
coisas para fazer	**things to do** *THingz tu du:*
lugares onde comer	**places to eat** *pleissiz tu i:t*
lugares a visitar	**places to visit** *pleissiz tu vizit*
Tivemos uma estadia ótima/péssima.	**We're having a great/awful time.** *wia hæving â greit/ó:fâl taimm*

Convites Invitations

Quer vir jantar conosco no/na...?	**Would you like to have dinner with us on...?** wud yu: laik tu hæv _di_nâ wiDH ass ónn
Posso convidá-lo para almoçar?	**May I invite you to lunch?** mei ai in_vait_ yu: tu lantch
Quer vir tomar um drinque esta noite?	**Can you come for a drink this evening?** kænn yu: kamm fór â drink DHiss _i:v_ning
Vamos dar uma festa. Gostaria de vir?	**We are having a party. Can you come?** wi: a: _hæ_ving â _pa:_ti. kænn yu: kamm
Podemos nos juntar a vocês?	**Can we join you?** kænn wi: djóinn yu:
Quer se juntar a nós?	**Would you like to join us?** wud yu: laik tu djóinn ass

Sair Going out

O que pretende fazer...?	**What are your plans for...?** wót a: yó: plænnz fó:
hoje/esta noite	**today/tonight** tâ_dei_/tâ_nait_
amanhã	**tomorrow** tâ_mó_rou
Está livre hoje à noite?	**Are you free this evening?** a: yu: fri: DHiss _i:v_ning
Gostaria de...?	**Would you like to...?** wud yu: laik tu
ir dançar	**go dancing** gou _da:_nsing
beber alguma coisa	**go for a drink** gou fór â drink
comer fora	**go out for a meal** gou aut fór â mi:l
passear	**go for a walk** gou fór â wó:k
fazer compras	**go shopping** gou _chó_ping
Gostaria de ir a...	**I'd like to go to...** aid laik tu gou tu
Gostaria de ver...	**I'd like to see...** aid laik tu si:
Gosta de...?	**Do you enjoy...?** du: yu: in_djói_

Aceitar/recusar
Accepting/declining

Com prazer.	**Great. I'd love to.** *greit. aid lav tu*
Obrigado, mas já tenho compromisso.	**Thank you, but I'm busy.** *THænk yu: bat aimm bizi*
Posso levar um(a) amigo(a)?	**Can I bring a friend?** *kænn ai bring â frénd*
Onde nos encontraremos?	**Where shall we meet?** *wéa chæl wi: mi:t*
Vou encontrá-lo...	**I'll meet you...** *áil mi:t yu:*
na frente do seu hotel	**in front of your hotel** *inn frant âv yó: houtél*
Virei buscá-lo às 8 horas.	**I'll call for you at eight.** *áil kó:l fó: yu: æt eit*
Pode ser em pouco mais tarde/cedo?	**Could we make it a bit later/earlier?** *kud wi: meik it a bit leitâ/â:liâ*
Pode ser outro dia?	**How about another day?** *hau âbaut ânaDHâ dei*
Está bem.	**That will be fine.** *DHæt wil bi: fainn*

Convite para jantar Invitation to dinner

Se você for convidado para jantar na casa de alguém, leve ao anfitrião uma garrafa de vinho (**bottle of wine**); o gesto é sempre bem-vindo.

Deixe que eu lhe pague uma bebida.	**Let me buy you a drink.** *lét mi: bai yu: â drink*
Gosta de...?	**Do you like...?** *du: yu: laik*
O que vai escolher?	**What are you going to have?** *wót a: yu: gouing tu hæv*
Foi uma ótima refeição.	**That was a lovely meal.** *DHæt wóz â lavli mi:l*

HORAS ➤ 220

Encontros Encounters

Incomoda-se se eu...?	**Do you mind if...?** *du: yu: maind if*
me sentar aqui/fumar	**I sit here/I smoke** *ai sit hia/ai ssmouk*
Posso lhe oferecer uma bebida?	**Can I get you a drink?** *kænn ai ghét yu: â drink*
Gostaria que você me fizesse companhia.	**I'd love to have some company.** *aid lav tu hæv samm kampâni*
Por que está rindo?	**Why are you laughing?** *wai a: yu: la:fing*
O meu inglês é tão ruim assim?	**Is my English that bad?** *iz mai inglich DHæt bæd*
Que tal ir para um lugar mais tranqüilo?	**Shall we go somewhere quieter?** *chæl wi: gou samwéa kwaiâtâ*
Por favor, me deixe em paz!	**Leave me alone, please!** *li:v mi: âlounn pli:z*
Você é bonito/bonita!	**You look great!** *yu: luk greit*
Gostaria de voltar comigo para minha casa?	**Would you like to come back with me?** *wud yu: laik tu kamm bæk wiDH mi:*
Posso beijá-lo/la?	**May I kiss you?** *mei ai kiss yu:*
Ainda não estou pronto(a) para isso.	**I'm not ready for that.** *aimm nót rédi fó: DHæt*
Obrigado pela noite agradável.	**Thanks for the nice evening.** *THænks fó: DHâ naiss i:vning*
Acho que está na hora de ir embora.	**I'm afraid we've got to leave now.** *aimm âfreid wi:v gót tu li:v nau*
Posso ver você de novo amanhã?	**Can I see you again tomorrow?** *kænn ai si: yu: âghénn tâmórou*
Até breve.	**See you soon.** *si: yu: su:nn*
Pode me dar seu endereço?	**Can I have your address?** *kænn ai hæv yór âdréss*

SEGURANÇA ➤ 65

Telefonemas Telephone

Os telefones públicos funcionam com moedas ou cartões.
Os cartões telefônicos são vendidos nas agências dos
Correios e nas bancas de jornais que tenham a placa verde
Phonecard. Nos aeroportos e nas estações ferroviárias, alguns
telefones aceitam cartões de crédito.

Para telefonar da Inglaterra para o exterior, é preciso discar 00, 55
para o Brasil, e depois o número para quem deseja discar (sem o 0,
se houver).

Pode me dar seu número de telefone?	**Can I have your telephone number?** *kænn ai hæv yó: télifounn nambâ*
Eis meu telefone.	**Here's my number.** *hiaz mai nambâ*
Ligue, por favor.	**Please call me.** *pli:z kó:l mi*
Vou ligar para você.	**I'll give you a call.** *áil ghiv yu: â kó:l*
Onde fica o telefone público mais próximo?	**Where's the nearest telephone box?** *wéaz DHâ nirist télifounn bóks*
Posso usar seu telefone?	**Can I use your phone?** *kænn ai yu:z yó: founn*
É urgente.	**It's an emergency.** *its ânn imâ:djânsi*
Quero telefonar para alguém no Brasil.	**I'd like to call someone in Brazil.** *aid laik tu kó:l samwann inn brâzil*
Qual é o código de...?	**What's the dialling code for...?** *wóts DHâ daiâling koud fó:*
Quero um cartão telefônico, por favor.	**I'd like a phone card, please.** *aid laik â founn ka:d pli:z*
Qual é o número de Informações?	**What's the number for Directory Inquiries?** *wóts DHâ nambâ fó: diréktâri inkwaiâriz*
Queria saber o telefone de...	**I'd like the number for...** *aid laik DHâ nambâ fó:*
Quero ligar a cobrar.	**I'd like to reverse the charges.** *aid laik tu rivâ:ss DHâ tcha:djiz*

Falar ao telefone
Speaking on the phone

Alô. Aqui é...	**Hello. This is...** h*âlou* DHiss iz
Quero falar com...	**I'd like to speak to...** aid laik tu sspi:k tu
Ramal...	**Extension...** iks*tén*chânn
Pode falar mais alto/mais devagar, por favor.	**Speak louder/more slowly, please.** sspi:k *lau*dâ/mó: *sslou*li pli:z
Pode repetir, por favor?	**Could you repeat that, please?** kud yu: ri*pi:*t DHæt pli:z
Ele/ela não está.	**I'm afraid he's/she's not in.** aimm â*freid* hi:z/chi:z nót inn
Foi engano.	**You have the wrong number.** yu hæv DHâ róng *nam*bâ
Um momento, por favor?	**Just a moment, please.** djast â *mou*mânt pli:z
Não desligue, por favor.	**Hold on, please.** hould ónn pli:z
Quando ele/ela volta?	**When will he/she be back?** wénn wil hi:/chi: bi: bæk
Pode lhe dizer que liguei?	**Will you tell him/her that I called?** wil yu: tél himm/hâ: DHæt ai kó:ld
Eu me chamo...	**My name's...** mai neimmz
Pode pedir a ele/ela que me ligue?	**Could you ask him/her to phone me?** kud yu: a:sk himm/hâ: tu founn mi
Preciso desligar.	**I must go now.** ai mast gou nau
Foi bom conversar com você.	**Nice to speak to you.** naiss tu sspi:k tu yu:
Vou manter contato.	**I'll be in touch.** áil bi: inn tatch
Até logo.	**Bye.** bai

Lojas e serviços

Lojas e serviços	130	Cabeleireiro	148
Horário comercial	132	Produtos	
Serviços	133	domésticos	149
Preferências	134	Joalheria	150
Condições de		Banca de jornais	151
compra	135	Fotografia	152
Pagamento	136	Correio	153
Queixas	137	Telecomunicações	154
Consertos	137	Lembranças	155
Banco	138	Presentes	155
Casa de câmbio	138	Música	156
Farmácia	140	Brinquedos e jogos	156
Artigos de toalete	143	Antiguidades	156
Roupas	144	Supermercado/	
Cores	144	Minimercado	157
Tamanhos	147	Alimentos	160
Saúde e beleza	148		

Lojas de departamentos (**department stores**): **Harrods**, em Londres, onde há grande variedade de itens, **John Lewis** e **Rackhams** estão entre as mais famosas.

As lojas **Marks and Spencer** (freqüentadas principalmente pelo seu setor de alimentação) e **Woolworths** (equivalente às Lojas Americanas do Brasil) estão por toda parte.

Há feiras locais em várias localidades do interior. Em Londres, os mercados de **Portobello Road**, **Spitalfields**, **Petticoat Lane** e **Camden Passage** merecem uma visita.

O ESSENCIAL

Eu queria...	**I'd like...** *aid laik*
Você tem...?	**Do you have...?** *du: yu: hæv*
Quanto é?	**How much is that?** *hau match is DHæt*
Obrigado.	**Thank you.** *THænk yu:*

Lojas e serviços
Stores and services

Onde está?/Onde fica...? Where is...?

Onde fica o/a... mais próximo(a)? | **Where's the nearest...?** *wéaz DHâ <u>ni</u>rist*

Onde há um(a) bom(boa)...? | **Where's there a good...?** *wéaz DHér â gud*

Onde fica o principal centro comercial? | **Where's the main shopping center?** *wéaz DHâ meinn <u>chó</u>ping <u>sén</u>tâ*

É longe daqui? | **Is it far from here?** *iz it fa: frâmm hia*

Como chego lá? | **How do I get there?** *hau du: ai ghét DHéa*

Lojas Shops

antiquário	**antique shop** *æn<u>ti:</u>k chóp*
banco	**bank** *bænk*
joalheria	**jeweller** *d<u>ju:</u>âlâ*
açougue	**butcher** *bu<u>t</u>châ*
padaria	**bakery** *b<u>ei</u>kâri*
tabacaria	**tobacconist** *tâ<u>bæ</u>kânist*
centro de compras	**shopping centre** *chóping <u>sén</u>tâ*
delicatéssen	**delicatessen** *délikâ<u>tés</u>sânn*
drogaria	**drugstore** *<u>drag</u>stó:*
mercearia	**grocer** *<u>grou</u>ssâ*
floricultura	**florist** *f<u>ló</u>rist*
loja de departamentos	**department store** *dipa:tmânt stó:*
banca de jornal	**newsstand** *<u>nyu:z</u>sstænd*
livraria	**bookshop** *buk*chóp
loja de artigos esportivos	**sports shop** *spó:ts chóp*
loja de presentes	**gift shop** *ghift chóp*
sapataria	**shoe shop** *chu: chóp*

loja de alimentos dietéticos/naturais	**health food shop** *hélTH fu:d chóp*
loja de discos	**record/music shop** *rékâd/myu:zik chóp*
loja de brinquedos	**toy shop** *tói chóp*
loja de material fotográfico	**camera shop** *kæmârâ chóp*
loja de suvenires	**souvenir shop** *su:vânia chóp*
loja de roupas	**clothes shop** *klouDHz chóp*
hortifrúti/quitanda	**greengrocer** *gri:nn-groussâ*
loja de vinhos e bebidas alcoólicas	**wine merchant/off licence** *wainn mâ:tchânnt/óf laissânnss*
mercado	**market** *ma:kit*
farmácia	**chemist** *kémist*
peixaria	**fishmonger** *fichmangâ*
doçaria	**cake shop** *keik chóp*
supermercado	**supermarket** *syu:pâma:kit*

Serviços Services

agência de viagens	**travel agency** *trævâl eidjânsi*
biblioteca	**library** *laibrâri*
cabeleireiro (feminino/masculino)	**hairdresser (ladies/mens)** *héadréssâ (leidiz/ménnz)*
delegacia de polícia	**police station** *pâli:ss steichânn*
dentista	**dentist** *déntist*
hospital	**hospital** *hóspitâl*
lavanderia automática	**launderette** *ló:ndârét*
médico	**doctor** *dóktâ*
óptica	**optician** *optichânn*
policlínica	**polyclinic** *poliklinik*
agência dos Correios	**post office** *poust ófiss*
lavagem a seco	**dry cleaner** *drai kli:nâ*

Horário comercial Business hours

Na maioria das cidades, as lojas costumam abrir sem interrupção das 9h às 17h30 ou 18h. Uma vez por semana, na quarta ou quinta-feira, avançam o horário de funcionamento até as 20h.

Aos domingos, a abertura das lojas é cada vez mais comum no Reino Unido. Os principais centros comerciais costumam ter um horário de funcionamento reduzido, mais ou menos das 11h às 16h.

A que horas o/a… abre/fecha?	**When does the… open/shut?** wénn daz DHâ… oupânn/chat
Vocês abrem à noite?	**Are you open in the evening?** a: yu: oupânn inn DHi i:vning
Fecham para o almoço?	**Do you close for lunch?** du: yu: klouz fó: lanntch
Onde fica o/a...?	**Where's the…?** wéaz DHâ
elevador	**lift** lift
caixa	**cash desk** kæch désk
escada rolante	**escalator** éskâleitâ
mapa da loja	**store guide** stó: gaid
andar térreo	**ground floor** graund fló:
primeiro andar	**first floor** fâ:st fló:
Onde fica a seção de…?	**Where's the… department?** wéaz DHâ… dipa:tmânt

BUSINESS HOURS	horário de funcionamento
CLOSED FOR LUNCH	fechado para almoço
OPEN ALL DAY	aberto o dia todo
EXIT	saída
EMERGENCY/FIRE EXIT	saída de emergência
ENTRANCE	entrada
STAIRS	escadas
ESCALATOR	escada rolante
LIFT	elevador

Serviços Services

Pode me ajudar?	**Can you help me?** *kænn yu: hélp mi*	
Estou procurando...	**I'm looking for...** *aimm luking fó:*	
Estou só olhando.	**I'm just browsing.** *aimm djast brauzing*	
É a minha vez.	**It's my turn.** *its mai tâ:nn*	
Você tem...?	**Have you got any...?** *hæv yu: gót éni*	
Eu quero comprar...	**I'd like to buy...** *aid laik tu bai*	
Pode me mostrar...?	**Could you show me...?** *kud yu: chou mi*	
Quanto custa isso/aquilo?	**How much is this/that?** *hau match iz DHiss/DHæt*	
Isso é tudo, obrigado.	**That's all, thanks.** *DHæts ó:l THænks*	

Good morning/afternoon, Madam/Sir.	Bom dia/boa tarde, senhora/senhor.
Can I help you?	Posso ajudá-la/lo?
What would you like?	O que deseja?
I'll just check that for you.	Vou verificar.
Is that everything?	Isso é tudo?
Anything else?	Mais alguma coisa?

– *Can I help you?* (Posso lhe ajudar?)
– *No, thank you. I'm just browsing.*
(Não, obrigado. Estou só olhando.)
– *Please do.* (Fique à vontade.)

– *Excuse me.* (Com licença.)
– *Yes, can I help you?* (Sim, em que posso ajudar?)
– *How much is this?* (Quanto custa isso?)
– *Er... I'll just check that for you... It's nine pounds eighty.*
(Hã... Vou verificar... são £9,80.)

CUSTOMER SERVICE	atendimento ao cliente
SALE	liqüidação

Preferências Choices

Queria alguma coisa...	**I want something...** *ai wónt samTHing*
Precisa ser...	**It must be...** *it mast bi:*
grande/pequeno	**big/small** *big/ssmó:l*
barato/caro	**cheap/expensive** *tchi:p/ikspénsiv*
escuro/claro	**dark/light** *da:k/lait*
leve/pesado	**light/heavy** *lait/hévi*
oval/redondo/quadrado	**oval/round/square** *ouvâl/raund/skwéa*
original/imitação	**genuine/imitation** *djényuinn/imiteichânn*
Não quero nada muito caro.	**I don't want anything too expensive** *ai dount wónt éniTHing tu: ikspénsiv*
Por volta de umas... libras.	**In the region of... pounds.** *inn DHâ ri:djânn âv... paundz*

What... would you like?	Qual... o senhor deseja?
colour/shape	cor/formato
quality/quantity	qualidade/quantidade
What sort would you like?	Que tipo prefere?
What price range are you thinking of?	Em que faixa de preço o senhor está pensando?

Tem alguma coisa...?	**Have you got anything...?** *hæv yu: gót éniTHinng*
maior	**larger** *la:djâ*
de melhor qualidade	**better quality** *bétâ kwóliti*
mais barata	**cheaper** *tchi:pâ*
menor	**smaller** *ssmó:lâ*
Pode me mostrar...?	**Can you show me...?** *kænn yu chou mi*
aquele(a)/este(a)	**that/this one** *DHæt/DHiss wann*
estes/aqueles	**these/those ones** *DHi:z/DHouz wannz*
o que está na vitrine	**the one in the window/display case** *DHâ wann inn DHâ windou/displei keiss*
outros	**some others** *samm aDHâz*

CORES ➤ 144

Condições de compra — Conditions of purchase

Tem garantia?
Is there a guarantee?
iz DHér â gærân<u>ti</u>:

Vem com instruções de uso?
Are there any instructions with it? a: DHér éni ins<u>trak</u>chânz wiDH it

Esgotado — Out of stock

> **I'm sorry, we haven't got any.** — Desculpe, não temos.
> **We're out of stock.** — O artigo está esgotado.
> **Can I show you something else?** — Posso lhe mostrar outra coisa?
> **Shall we order it for you?** — Quer que encomendemos?

Pode encomendar para mim?
Can you order it for me?
kænn yu: <u>ó:</u>dâr it fó: mi:

Quanto tempo vai demorar?
How long will it take?
hau lóng wil it teik

Onde mais posso encontrar...?
Where else might I get...?
wér élss mait ai ghét

Decisão — Decision

Não é bem o que eu quero.
That's not quite what I want.
DHæts nót kwait wót ai wónt

Não, não gostei.
No, I don't like it. nou, ai dount laik it

É caro demais.
That's too expensive. DHæts tu: iksp<u>é</u>nsiv

Vou pensar melhor.
I'd like to think about it.
aid laik tu THink â<u>baut</u> it

Fico com ele.
I'll take it. áil teik it

> – Good morning. I'm looking for a sweat shirt.
> (Bom dia. Estou procurando um casaco de moletom.)
> – *What colour would you like?*
> *(De que cor deseja?)*
> – Orange, please. And large, please.
> (Cor de laranja, por favor. E grande, por favor.)
> – *Here you are.* *(Aqui está.)*
> – Er... That's not quite what I want. Thank you.
> (Hã... Não é bem o que eu quero. Obrigado.)

Pagamento Paying

O **VAT** (Imposto sobre Valor Agregado) costuma estar incluído no preço de bens e serviços. Os visitantes que não moram na União Européia e fazem compras grandes podem pedir o reembolso do **VAT** com o preenchimento de um formulário no momento da compra (que é preciso apresentar na alfândega no momento da partida).

Onde posso pagar?	**Where do I pay?** *wéa du: ai pei*
Quanto é?	**How much is that?** *hau match iz DHæt*
Pode escrever, por favor?	**Could you write it down, please?** *kud yu: rait it daunn pli:z*
Aceita cheques de viagem?	**Do you accept traveller's cheques?** *du: yu: âksépt trævâlâz tchéks*
Vou pagar...	**I'll pay...** *áil pei*
em dinheiro	**by cash** *bai kæch*
com cartão de crédito	**by credit card** *bai krédit ka:d*
Não tenho trocado.	**I haven't got any smaller change.** *ai hævânt gót éni ssmó:là tcheindj*
Desculpe, não tenho dinheiro suficiente.	**Sorry, I haven't got enough money.** *sóri ai hævânt gót inaf mani*

How are you paying?	Como vai pagar?
This transaction has not been approved/accepted.	Esta transação não foi aprovada/aceita.
This card is not valid.	Este cartão não é válido.
Can I have further identification?	Tem outro documento de identidade?
Have you got any smaller change?	Tem trocado?

Podem me dar uma nota?	**Could I have a receipt please?** *kud ai hæv â rissi:t pli:z*
Acho que o senhor me deu o troco errado.	**I think you've given me the wrong change.** *ai THink yu:v ghivânn mi: DHâ róng tcheindj*

PLEASE PAY HERE	pague aqui
SHOPLIFTERS WILL BE PROSECUTED	Furto de mercadoria pode implicar processo criminal

HORA ➤ 220; DATAS ➤ 218

Queixas Complaints

Está com defeito.	**This doesn't work.** DHiss d<u>a</u>zânnt wâ:k
Pode trocar isso aqui, por favor?	**Can you exchange this, please?** kænn yu: ikst<u>cheindj</u> DHiss pli:z
Quero o reembolso.	**I'd like a refund.** aid laik â <u>ri</u>fand
Eis a nota.	**Here's the receipt.** <u>hi</u>az DHâ ri<u>ssi</u>:t
Não tenho a nota.	**I don't have the receipt.** ai dount hæv DHâ ri<u>ssi</u>:t
Quero falar com o gerente.	**I'd like to see the manager.** aid laik tu si: DHâ <u>mæ</u>nidjâ

Consertos/Limpeza Repairs/Cleaning

Em todas as cidades há lavanderias comuns (**laundries**) e especializadas em lavagem a seco (**dry-cleaners**), além de lavanderias automáticas, com auto-serviço (**launderettes**). Nessas últimas, é possível deixar a roupa no **service wash** e ir buscá-la mais tarde, lavada e seca.

Está quebrado. Pode consertar?	**This is broken. Can you repair it?** DHiss iz <u>brou</u>kânn. kænn yu: ri<u>pér</u> it
Tem… para isso?	**Have you got… for this?** hæv yu: gót… fó: DHiss
pilhas	**a battery** â <u>bæ</u>târi
peças sobressalentes	**replacement parts** ri<u>pleiss</u>mânt pa:ts
Tem alguma coisa errada com…	**There's something wrong with…** DHéaz <u>samm</u>THing róng wiDH
Pode…?	**Can you… this?** kænn yu:… DHiss
limpar	**clean** kli:nn
passar	**press** préss
remendar	**patch** pætch
Pode reformar isso aqui?	**Could you alter this?** kud yu: <u>ó:l</u>tâ DHiss
Quando vai ficar pronto?	**When will it be ready?** wénn wil it bi: <u>ré</u>di
Isso não é meu.	**This isn't mine.** DHiss <u>i</u>zannt mainn
Está faltando…	**There's… missing.** DHéaz… <u>mi</u>ssing

Banco/Casa de câmbio
Bank/Bureau de change

Quem tem um cartão Visa, Mastercard ou American Express pode obter dinheiro em espécie nos caixas eletrônicos. Não esqueça o passaporte caso queira trocar cheques de viagem (**traveller's cheques**). A maioria dos bancos tem câmbio. Os hotéis realizam operações de câmbio, mas somente para hóspedes.

Onde fica o/a… mais próximo(a)?	**Where's the nearest…?** wéaz DHâ <u>ni</u>rist
banco	**bank** bænk
casa de câmbio	**bureau de change** «bureau de change»

OPEN/CLOSED — aberto/fechado
PUSH/PULL/PRESS — empurrar/puxar/apertar
CASHIERS — caixas
ALL TRANSACTIONS — todos os tipos de transação

Para trocar dinheiro Changing money

Posso trocar moeda estrangeira aqui?
Can I exchange foreign currency here? kænn ai iks<u>tcheindj</u> fórinn karânsi hia

Quero trocar euros por libras.
I'd like to change some euros into pounds. aid laik tu tcheindj samm <u>yu</u>:rouz intu paundz

Quero descontar cheques de viagem.
I want to cash some traveller's cheques. ai wónt tu kæch samm trævâlâz tchéks

Qual é a taxa de câmbio?
What's the exchange rate? wóts DHi iks<u>tcheindj</u> reit

Quanto cobram de comissão?
How much commission do you charge? hau match kâ<u>mi</u>chânn du: yu: tcha:dj

Podem me dar o dinheiro trocado?
Could I have some small change? kud ai hæv samm ssmó:l tcheindj

Perdi meus cheques de viagem. Eis os números.
I've lost my traveller's cheques. These are the numbers. aiv lóst mai trævâlâz tchéks. DHi:z a: DHâ nambâz

HORAS ➤ 220; DATAS ➤ 218

Segurança Security

Could I see...?	Posso ver...?
your passport	seu passaporte
some identification	algum documento de identidade
your bank card	seu cartão de banco
What's your address?	Qual é seu endereço?
Where are you staying?	Onde está hospedado?
Can you fill in this form, please?	Pode preencher este formulário, por favor?
Please sign here.	Por favor, assine aqui.

Caixas automáticos Cash machines

Posso sacar dinheiro aqui com meu cartão de crédito?	**Can I withdraw money on my credit card here?** *kænn ai wiTH<u>dró:</u> m<u>a</u>ni ónn mai kr<u>é</u>dit ka:d hia*
Onde ficam os caixas automáticos?	**Where are the cash machines?** *wér a: DHâ kæch mâ<u>chi:</u>nnz*
Posso usar o meu cartão… neste caixa automático?	**Can I use my… card in the cash machine?** *kænn ai yu:z mai… ka:d inn DHâ kæch mâ<u>chi:</u>nn*
O caixa automático engoliu meu cartão	**The cash machine has eaten my card.** *DHâ kæch mâ<u>chi:</u>nn hæz <u>i:</u>tânn mai ka:d*

CASH MACHINE	caixa automático

Currency	pound [Sterling] (£) = 100 pence (p)
moedas	1p, 2p, 5p, 10p, 20p, 50p, £1, £2
Notas	£5, £10, £20, £50

– What's the exchange rate for the euro today?
(Qual a taxa de câmbio do euro hoje?)
– It's… (É...)
– Very good. I'd like to change 50 euros.
(Ótimo. Quero trocar 50 euros.)

Farmácia Chemist

Na maioria das farmácias inglesas, é possível comprar produtos farmacêuticos, de toalete, cosméticos e até sanduíches e guloseimas.

Em cada cidade, uma farmácia de plantão (**all-night chemist/duty chemist**) fica aberta à noite, no domingo e nos feriados. O endereço é indicado na porta das outras farmácias e nos jornais locais.

Onde fica a farmácia (de plantão) mais próxima?	**Where's the nearest (all-night) chemist?** wéaz DHâ <u>ni</u>rist (ó:l nait) <u>ké</u>mist
A que horas abre/fecha a farmácia?	**What time does the chemist open/close?** wót taimm daz DHâ <u>ké</u>mist <u>ou</u>pânn/klouz
Pode aviar esta receita?	**Can you make up this prescription for me?** kænn yu: meik ap DHiss pris<u>krip</u>chânn fó: mi:
Posso esperar?	**Shall I wait?** chæl ai weit
Venho buscar mais tarde.	**I'll come back for it.** áil kamm bæk fór it

Posologia Dosage instructions

Quanto devo tomar?	**How much should I take?** hau match chud ai teik
Quantas vezes devo tomar?	**How often should I take it?** hau <u>ó</u>fânn chud ai teik it
Serve para crianças?	**Is it suitable for children?** iz it <u>su:</u>tâbâl fó: <u>tchi</u>ldrânn

Take... tablets/ teaspoons...	Tome... comprimidos/ colheres de chá...
before/after meals	antes/depois das refeições
with water	com água
whole	inteiro (sem mastigar)
in the morning/at night	pela manhã/à noite
for... days	durante... dias

MÉDICO ➤ 163

Estou com...	**I've got...** *aiv gót*
uma bolha	**a blister** *â <u>blis</u>tâ*
um machucado	**a wound** *â wu:nd*
uma mancha roxa	**a bruise** *â bru:z*
um nódulo/inchaço	**a lump** *â lamp*
uma queimadura	**a burn** *â bâ:nn*
um corte	**a cut** *â kat*
um arranhão	**a graze** *â greiz*
um inchaço	**a swelling** *â <u>swé</u>ling*
urticária/brotoeja	**a rash** *â ræch*
um furúnculo	**a boil** *â bóil*
um músculo estirado	**a strained muscle** *â streind <u>mas</u>sâl*
uma picada de inseto	**an insect bite** *ânn <u>in</u>sékt bait*
uma pontada	**a sting** *â sting*
um resfriado	**a cold** *â kould*
O(A) meu(minha)... está doendo.	**My... hurts.** *mai... hâ:ts*

EXPIRY DATE	data de validade
ONLY FOR EXTERNAL USE	somente para uso externo
DO NOT SWALLOW/NOT TO BE TAKEN INTERNALLY	não engolir/impróprio para uso interno
PRESCRIPTION ONLY	somente com receita médica

I've got a cold. What can you recommend?
(Peguei um resfriado. O que me recomenda?)

This product is very good for colds.
(Este produto é muito bom para resfriados.)

How many tablets do I have to take?
(Quantos comprimidos devo tomar?)

One every four hours. I recommend that you see a doctor if you don't get better in two days.
(Um a cada quatro horas. É bom consultar um médico se não melhorar em dois dias.)

Pedir conselhos médicos Asking advice

O que me recomenda para...?	**What would you recommend for...?** *wót wud yu: rékâménd fó:*
um resfriado	**a cold** *â kould*
tosse	**a cough** *â kóf*
diarréia	**diarrhoea** *daiâria*
ressaca	**a hangover** *â hængouvâ*
febre do feno	**hay fever** *hei fi:vâ*
picadas de inseto	**insect bites** *insékt baits*
dor de garganta	**a sore throat** *â só: THrout*
queimadura de sol	**sunburn** *sannbâ:nn*
estômago embrulhado	**travel sickness** *trævâl sikniss*
dor de barriga	**an upset stomach** *ânn apsét stamâk*
Posso comprar sem receita médica?	**Can I get it without a prescription?** *kænn ai ghét it wiDHaut â priskripchânn*

Remédios vendidos sem receita médica
Over-the-counter medicine

Pode me ver...?	**Can I have some...?** *kænn ai hæv samm*
analgésicos	**pain killers** *peinn kilâz*
aspirina (solúvel)	**(soluble) aspirin** *(sólyubâl) æspârinn*
ataduras	**bandage** *bændidj*
algodão (hidrófilo)	**cotton wool** *kótânn wul*
creme antisséptico	**antiseptic cream** *æntisséptik kri:mm*
creme/loção contra insetos	**insect repellent** *insékt ripélânt*
preservativos	**condoms** *kóndâmmz*
vitaminas	**vitamin tablets** *vitâminn tæblits*

Artigos de toalete Toiletries

Eu queria...	**I'd like some...** *aid laik samm*
um creme hidradante	**moisturizing cream** *móistchâraizing kri:mm*
um creme bronzeador	**suntan cream** *santænn kri:mm*
creme dental	**toothpaste** *tuTHpeist*
desodorante	**deodorant** *di:oudârânt*
protetor solar	**sun block** *sann blók*
fator...	**factor...** *fæktâ*
lâminas de barbear	**razor blades** *reizâ bleidz*
loção pós-barba	**aftershave** *a:ftâ cheiv*
loção pós-sol	**after-sun lotion** *a:ftâ sann louchânn*
lenços de papel	**tissues** *tichu:z*
papel higiênico	**toilet paper** *tóilit peipâ*
absorventes higiênicos	**sanitary towels** *sænitâri tauâlz*
sabonete	**soap** *soup*
absorvente	**tampons** *tæmpânnz*

Cuidados com o cabelo Hair care

condicionador	**conditioner** *kândichânâ*
fixador	**hair spray** *héa ssprei*
musse para pentear	**hair mousse** *héa mu:ss*
pente	**comb** *koumm*
xampu	**shampoo** *chæmpu:*

Para o bebê For the baby

comida para bebês	**baby food** *beibi fu:d*
lenços umedecidos para bebês	**baby wipes** *beibi waips*
fraldas	**nappies** *næpiz*
solução esterilizadora	**sterilizing solution** *sstérilaizing sâlu:chânn*

Roupas Clothing

Aqueles que amam comprar terão muito o que fazer em Londres, principalmente durante as liqüidações (**sales**) de janeiro e do verão, quando se encontram artigos com até 50% de desconto.

As lojas dos *free-shops* dos aeroportos oferecem produtos a bom preço, mas a variedade é restrita.

Miscelânea General

Eu queria...	**I'd like...** *aid laik*
Vocês têm...?	**Have you got any...?** *hæv yu: gót éni*

LADIESWEAR	roupas femininas
MENSWEAR	roupas masculinas
CHILDRENSWEAR	roupas infantis

Cores Colour

Quero alguma coisa...	**I'm looking for something in...** *aimm luking fó: sammTHing inn*
bege	**beige** *beij*
preto	**black** *blæk*
azul	**blue** *blu:*
marrom	**brown** *braunn*
verde	**green** *gri:nn*
cinza	**grey** *grei*
laranja	**orange** *órindj*
rosa	**pink** *pink*
roxo	**purple** *pâ:pâl*
vermelho	**red** *réd*
branco	**white** *wait*
amarelo	**yellow** *yélou*
... claro	**light...** *lait*
... escuro	**dark...** *da:k*
Quero um tom mais escuro/mais claro.	**I want a darker/lighter shade.** *ai wónt â da:kâ/laitâ cheid*
Tem o mesmo artigo em...?	**Have you got the same in...?** *hæv yu: gót DHâ seimm inn*

Roupas e acessórios
Clothes and accessories

meias finas (femininas)	**stocking** *sstóking*
biquíni	**bikini** *biki:ni*
legging	**leggings** *léghingz*
boné	**cap** *kæp*
cinto	**belt** *bélt*
chapéu	**hat** *hæt*
meias (soquetes ou masculinas)	**socks** *sóks*
camisa	**shirt** *châ:t*
blusa	**blouse** *blauz*
meia-calça	**tights** *taits*
terno	**suit** *su:t*
calcinha/cueca	**briefs** *bri:fs*
gravata	**tie** *tai*
echarpe/cachecol	**scarf** *ska:f*
capa de chuva	**raincoat** *reinnkout*
jeans	**jeans** *dji:nnz*
saia	**skirt** *skâ:t*
roupa de banho	**swimsuit** *swimmsu:t*
casaco	**coat** *kout*
calças	**trousers** *trauzâz*
pulôver/suéter	**pullover** *pulouvâ*
vestido	**dress** *dréss*
bolsa	**handbag** *hændbæg*
shorts	**shorts** *chó:ts*
cuecas	**underpants** *andâpænts*
calção de banho	**swimming trunks** *swiming tranks*
sutiã	**bra** *bra:*
blusa de moletom	**sweatshirt** *swétchâ:t*
camiseta	**T-shirt** *ti:châ:t*
jaqueta, casaco	**jacket** *djækit*
de mangas compridas/curtas	**with long/short sleeves** *wiDH lóng/chó:t sli:vz*
com decote em V/redondo	**with a V-/round neck** *wiDH â vi:/raund nék*

Calçados Shoes

Um par de...	**A pair of...** *â pér âv*
botas	**boots** *bu:ts*
sapatos	**shoes** *chu:z*
tênis	**trainers** *treinâz*
pantufas	**slippers** *slipâz*
sandálias	**sandals** *sændâlz*
chinelo	**flip-flops** *flip-flóps*

Vestuário para caminhadas Walking/Hiking gear

blusão impermeável leve	**cagoule** *kægu:l*
mochila	**rucksack** *raksæk*
calçados para caminhada	**walking boots** *wó:king bu:ts*
agasalho impermeável	**waterproof jacket** *wó:tâpru:f djækit*

Tecido Fabric

Quero alguma coisa de...	**I want something in...** *ai wónt sammTHing inn*
algodão	**cotton** *kótânn*
jeans	**denim** *dénimm*
renda	**lace** *leiss*
couro	**leather** *léDHâ*
linho	**linen** *lininn*
lã	**wool** *wul*
Isso é...?	**Is this...?** *iz DHiss*
puro algodão	**pure cotton** *pyuâ kótânn*
sintético	**synthetic** *sinTHétik*
Pode ser lavado à mão/na máquina?	**Is it hand washable/machine washable?** *iz it hænd wóchâbâl/mâchi:nn wóchâbâl*

COLOURFAST	não desbota
HANDWASH ONLY	lavar somente à mão
DO NOT IRON	não passar a ferro
DRY-CLEAN ONLY	somente lavagem a seco

Veste bem? Does it fit?

Posso experimentar?	**Can I try this on?** *kænn ai trai DHiss ónn*
Onde ficam os provadores?	**Where's the fitting room?** *wéaz DHâ fiting ru:mm*
Vestiu bem. Vou levar.	**It fits well. I'll take it.** *it fits wél. áil teik it*
Não coube.	**It doesn't fit.** *it dazânnt fit*
É muito…	**It's too…** *its tu:*
curto/comprido	**short/long** *chó:t/lóng*
apertado/largo	**tight/loose** *tait/lu:ss*
Vocês têm este aqui no tamanho…?	**Have you got this in size…?** *hæv yu: gót DHiss inn saiz*
Que tamanho é este?	**What size is this?** *wót saiz iz DHiss*
Pode tirar as minhas medidas?	**Could you measure me, please?** *kud yu: méjâ mi pli:z*
Não conheço os tamanhos ingleses.	**I don't know English sizes.** *ai dount nou inglich saiziz*

Tamanho Size

	Vestidos/Ternos						Calçados femininos			
Brasil	36	38	40	42	44	46	35	36	37	38
Inglaterra	10	12	14	16	18	20	$4^{1/2}$	$5^{1/2}$	$6^{1/2}$	$7^{1/2}$
Europa continental	36	38	40	42	44	46	37	38	39	40

	Camisas				Calçados masculinos						
Inglaterra	15	16	17	18	5	6	7	8	$8^{1/2}$	9	$9^{1/2}$	10	11
Brasil	38	40	42	44	38	39	41	42	43	43	44	44	45

– Can I try this on, please.
(Posso experimentar este aqui?)
– Of course. What size are you?
(É claro. Qual o seu tamanho?)
– I take a… (Uso o número…)
– Here. Try this one.
(Pronto, experimente este.)

Saúde e beleza
Health and beauty

Eu queria um/uma/uns/umas...	**I'd like...** *aid laik*
produtos para o rosto	**some facial products** *sâmm feichâl pródâkts*
manicure	**a manicure** *â mænikyuâ*
massagem	**a massage** *â mæsa:j*
depilação com cera	**a waxing** *â wæksing*

Cabeleireiro Hairdresser's/Hairstylist

Costuma-se deixar uma gorjeta de 10% para o cabeleireiro e 50p-£1 para quem faz a lavagem do cabelo.

Eu queria marcar uma hora para...	**I'd like to make an appointment for...** *aid laik tu meik ânn âpóintmânt fó:*
Posso ir um pouco mais cedo/tarde?	**Can you make it a bit earlier/later?** *kænn yu: meik it â bit â:liâ/leitâ*
Eu queria...	**I'd like a...** *aid laik â*
cortar e secar	**cut and blow-dry** *kat ænd blou-drai*
lavagem e escova	**shampoo and set** *chæmpu: ænd sét*
Eu queria aparar o cabelo.	**I'd like a trim.** *aid laik â trimm*
Eu queria fazer...	**I'd like my hair...** *aid laik mai héa*
reflexos/mechas	**highlighted** *hailaitid*
um permanente	**permed** *pâ:mmd*
Não corte curto demais.	**Don't cut it too short.** *dount kat it tu: chó:t*
Pode cortar um pouco mais...	**Can you cut little more off the...** *kæn yu: kat â litâl mór óf DHâ*
atrás/na frente	**back/front** *bæk/frant*
na nuca/dos lados	**neck/sides** *nék/saidz*
no alto	**top** *tóp*
Está ótimo, obrigado.	**That's fine, thanks.** *DHæts fainn THænks*

Produtos domésticos Household articles

Eu queria um/uma/uns/umas...	**I'd like...**	*aid laik*
adaptador (benjamim)	**an adapter**	*ânn âdæptâ*
fósforos	**matches**	*mætchiz*
lâmpada	**a light bulb**	*â lait balb*
velas	**some candles**	*samm kændâlz*
tesoura	**scissors**	*sizâz*
filme plástico para embrulhar alimentos	**some cling film**	*samm kling film*
abridor de garrafas	**a bottle opener**	*â bótâl oupânâ*
abridor de latas	**a can opener**	*â kænn oupânâ*
papel de alumínio	**some aluminium foil**	*samm ælyuminiâm fóil*
prendedores de roupa	**clothes pegs**	*klouDHz pégz*
tomada	**a plug**	*â plag*
guardanapos de papel	**paper napkins**	*peipâ næpkinnz*
saca-rolhas	**a corkscrew**	*â kó:kskru:*
chave de fenda	**a screwdriver**	*â sskru:draivâ*

Produtos de limpeza Cleaning products

água sanitária	**bleach**	*bli:tch*
esponja	**sponge**	*spandj*
pano de pia	**dish cloth**	*dich klóTH*
sapóleo	**washing powder**	*wóching paudâ*
detergente líquido	**washing up liquid**	*wóching ap likwid*
sacos de lixo	**refuse bags**	*réfyu:ss bægz*

Louça/Talheres Crockery/Cutlery

pratos	**plates**	*pleits*
canecas	**mugs**	*magz*
facas	**knives**	*naïvz*
colheres	**spoons**	*spu:nnz*
colheres de chá	**teaspoons**	*ti:spu:nnz*
garfos	**forks**	*fó:ks*
xícaras	**cups**	*kaps*
copos	**glasses**	*gla:ssiz*

Joalheria Jeweller

Posso ver...?	**Could I see...?**	*kud ai si:*
este/aquele	**this/that**	*DHiss/DHæt*
Está na vitrine.	**It's in the window/display cabinet.**	*its inn DHâ window/displei kæbinât*

Eu queria um/uma/uns/umas... **I'd like...** *aid laik*

anel	**a ring**	*â ring*
brincos	**earrings**	*iâringz*
pulseira	**a bracelet**	*â breisslit*
broche	**a brooch**	*â broutch*
corrente, cordão	**a chain**	*â tcheinn*
colar	**a necklace**	*â néklâss*
relógio de pulso	**a watch**	*â wótch*
relógio de parede	**a clock**	*â klók*
pilhas	**a battery**	*â bætâri*
despertador	**an alarm clock**	*ânn âla:mm klók*

Material Materials

É de prata/ouro de verdade?	**Is this real silver/gold?**	*iz DHiss riâl silvâ/gould*
Tem certificado?	**Is there a certificate for it?**	*iz DHér â sâtifikât fór it*
Tem alguma coisa de...?	**Have you got anything in...?**	*hæv yu: gót éniTHing inn*
aço inoxidável	**stainless steel**	*steinnlâss sti:l*
prata	**silver**	*silvâ*
cristal	**crystal**	*kristâl*
cobre	**copper**	*kópâ*
diamante	**diamond**	*daiâmând*
esmalte	**enamel**	*inæmâl*
estanho	**pewter**	*pyu:tâ*
ouro	**gold**	*gould*
pérola	**pearl**	*pâ:l*
banhado a prata	**silver plate**	*silvâ pleit*
banhado a ouro	**gold plate**	*gould pleit*
platina	**platinum**	*plætinâmm*
vidro lapidado	**cut glass**	*kat gla:ss*

Banca de jornais/Tabacaria
Newsagent/Tobacconist

Os **newsagents**, numerosos na Inglaterra, vendem jornais e revistas, e uma enorme variedade de balas, doces, chocolates e chicletes. Compram-se cigarros no **tobacconist** (tabacaria) e nos quiosques, lojas de departamentos e máquinas automáticas.

Encontram-se alguns jornais e revistas estrangeiros à venda nas estações ferroviárias, aeroportos e em bancas maiores.

Vocês vendem livros/jornais em português?	**Do you sell Portuguese-language books/newspapers?** *du: yu: sél pó:tchughi:z læ̲ngwidj lbuks/nyu:zpeipâz*
Eu queria um/uma/uns/umas...	**I'd like...** *aid laik*
fósforos	**some matches** *samm mætchiz*
doces	**some sweets** *samm swi:ts*
isqueiro	**a lighter** *â lai̲tâ*
cartão-postal	**a postcard** *â pous̲tka:d*
mapa rodoviário de...	**a road map of...** *â roud mæp âv*
chiclete	**some chewing gum** *samm tchu:ing gamm*
charutos	**some cigars** *samm siga̲:z*
dicionário português-inglês	**a dictionary** *â dik̲chânâri* **Portuguese-English** *pó:tchughi̲:z-inglich*
envelopes	**some envelopes** *samm é̲nvâloups*
guia de...	**a guidebook of...** *â gai̲dbuk âv*
jornal	**a newspaper** *â nyu̲:zpeipâ*
livro	**a book** *â buk*
revista	**a magazine** *â mægâzi̲:nn*
maço de cigarros	**a packet of cigarettes** *â pæ̲kit âv sigâréts*
mapa da cidade	**a map of the town** *â mæp âv DHâ taunn*
papel	**some paper** *samm peipâ*
caneta	**a pen** *â pénn*
fumo	**some tobacco** *samm tâbæ̲kou*
barra de chocolate	**a chocolate bar** *â tchók̲lit ba:*
selos	**some stamps** *samm stæmps*

151

Fotografia Photography

Procuro uma câmera...	**I'm looking for a(n)... camera.** *aimm luking fór â(n)... kæmârâ*
automática	**automatic** *ó:tâmætik*
compacta	**compact** *kómpækt*
descartável	**disposable** *dispouzâbâl*
reflex	**SLR** *éss él a:*
Eu queria um/uma/ uns/umas...	**I'd like a(n)...** *aid laik â(n)*
tampa da objetiva	**lens cap** *lénz kæp*
filtro	**filter** *filtâ*
flash eletrônico	**electronic flash** *ilektrónik flæch*
objetiva	**lens** *lénz*
pilhas	**battery** *bætâri*
estojo para a câmera	**camera case** *kæmârâ keiss*

Revelação Film processing

Eu queria um filme... para esta câmera.	**I'd like a... film for this camera.** *aid laik â... film fó: DHiss kæmârâ*
preto-e-branco	**black and white** *blæk ænd wait*
colorido	**colour** *kalâ*
24/36 poses	**24/36 exposures** *twénti fó:/THâ:ti siks ikspoujâz*
Quero mandar revelar este filme.	**I'd like this film developed.** *aid laik DHiss film divélâpt*
Pode ampliar esta aqui, por favor?	**Would you enlarge this, please?** *wud yu: inla:dj DHiss pli:z*
Quanto custam... poses?	**How much do... exposures cost?** *hau match du:... ikspoujâz kóst*
Quando as fotos estarão prontas?	**When will the photos be ready?** *wénn wil DHâ foutouz bi: rédi*
Vim buscar as minhas fotos. Eis o canhoto.	**I'd like to collect my photos. Here's the receipt.** *aid laik tu kâlékt mai foutouz. hiaz DHâ rissi:t*

Correio Post Office

Os **Post Offices** (agências dos Correios) são fáceis de reconhecer pela placa vermelha e dourada. Toda cidade tem uma agência dos Correios e até várias agências auxiliares, mas nos vilarejos menores ela pode estar instalada na mercearia local. Máquinas automáticas colocadas do lado de fora das agências vendem **stamps** (selos).

As caixas de correio inglesas são vermelhas. Há dois serviços disponíveis: **first class** para entregas rápidas e **second class**, mais econômico, para remessas menos urgentes.

Onde fica a agência do Correio (principal)?	**Where is the (main) post office?** *wér iz DHâ (meinn) poust ófiss*
A que horas abre/fecha o Correio?	**What time does the post office open/close?** *wót taimm daz DHâ poust ófiss oupânn/klouz*
Fecha para almoço?	**Does it close for lunch?** *daz it klouz fó: lantch*
Onde fica a caixa do Correio?	**Where's the postbox?** *wéaz DHâ poustbóks*
Onde é a posta-restante?	**Where's the «poste restante»?** *wéaz DHâ «poste restante»*
Há cartas para mim?	**Is there any post for me?** *iz DHér éni poust fó: mi:*

Compra de selos Buying stamps

Um selo para este cartão-postal, por favor.	**A stamp for this postcard, please.** *â stæmp fó: DHiss poustka:d pli:z*
Um selo de…, por favor.	**A… stamp, please.** *â… stæmp pli:z*
Quanto custa mandar uma carta para...?	**What's the postage for a letter to…?** *wóts DHâ poustidj fór â létâ tu*
Aqui há máquina de franquear?	**Is there a stamp machine here?** *iz DHér â stæmp mâchi:nn hia*

> – Good afternoon, I'd like some stamps for
> these postcards to Brazil please.
> (Boa tarde, quero selos para mandar estes cartões-postais
> para o Brasil, por favor.)
> – How many? (Quantos?)
> – Nine, please. (Nove, por favor.)
> – That's… each. (Custa… cada um.)

Envio de encomendas Sending parcels

Eu queria enviar este pacote...	**I want to send this package...** *ai wónt tu sénd DHiss pækidj*
por via aérea	**by airmail** *bai éameil*
por entrega expressa	**express/special delivery** *ikspréss/sspéchâl dilivâri*
Contém...	**It contains...** *it kânteinnz*
Quanto custa para enviar este pacote...?	**How much is it to send this package...** *hau match iz it tu sénd DHiss pækidj*
para o Brasil	**to Brazil** *tu brâzil:*

Please fill in the customs declaration.	Por favor, preencha a declaração da alfândega.
What is the value?	Qual é o valor?
What's inside?	O que há aí dentro?

Telecomunicações Telecommunications

Eu queria um cartão telefônico.	**I'd like a phonecard.** *aid laik â founnka:d*
20/40/100 unidades.	**20/40/100 units.** *twénti/fó:ti/wann handrâd yu:nits*
O senhor tem uma copiadora/ máquina xerox?	**Have you got a photocopier?** *hæv yu: gót â foutoukópiâ*
Quero enviar uma mensagem...	**I'd like to send a message...** *aid laik tu sénd â méssidj*
por e-mail/fax	**by e-mail/fax** *bai i: meil/fæks*
Qual é seu endereço de e-mail?	**What's your e-mail address?** *wóts yór i: meil âdréss*
Posso acessar a internet aqui?	**Can I access the Internet here?** *kænn ai ækséss DHi intâ:nét hia*
Quanto custa por hora?	**What are the charges per hour?** *wót a: DHâ tcha:djiz pâr auâ*
Como me conecto?	**How do I log on?** *hau du: ai lóg ónn*

Lembranças Souvenirs

Eis algumas sugestões de suvenires da Inglaterra.

antiguidades	**antiques** _ænti:ks_
biscoitos	**biscuits** _biskits_
roupas de lã	**knitwear** _nit_-wéa
compota de laranja	**orange marmalade** _órindj ma:mâleid_
porcelana	**china** _tchainâ_
chá	**tea** _ti:_
tecidos	**fabrics** _fæbriks_

Alguns suvenires da Escócia:

gaita de foles	**bagpipes** _bægpaips_
kilt	**kilt** _kilt_
tecido escocês (axadrezado)	**tartan** _ta:tânn_

Depois de uma estadia na Irlanda:

renda	**lace** _leiss_
linho	**linen** _lininn_
objetos esmaltados	**enamel** _inæmâl_
objetos de junco/palha	**rushwork** _rach-wâ:k_

Depois de uma estadia nas ilhas anglo-normandas:

bengala com castão decorado	**cabbage stick** _kæbidj stik_
suéter de tricô	**jumper** _djampâ_
vaso de cerâmica	**ceramic vase** _siræmik va:z_

Presentes Gifts

garrafa de vinho	**bottle of wine** _bótâl âv wainn_
caixa de bombons	**box of chocolates** _bóks âv tchóklits_
calendário	**calendar** _â kælândâ_
cartão-postal	**postcard** _poustka:d_
guia de lembranças	**souvenir guide** _su:vânia gaid_
chaveiro	**key ring** _ki: ring_
pano de prato decorado	**tea towel** _ti: tauâl_
camiseta	**T-shirt** _ti: châ:t_

Música Music

Eu queria um/uma...	**I'd like a...** *aid laik â*
fita cassete	**cassette** *kâssét*
CD	**compact disc** *kómpækt disk*
videocassete	**videocassette** *vidioukæssét*
disco	**record** *rékâd*
Quais são os cantores/grupos ingleses populares?	**Who are the popular native singers/bands?** *hu: a: DHâ pópyulâ neitiv singâz/bændz*

Se quiser comprar um vídeo como lembrança da viagem à Inglaterra, veja se está no sistema PAL.

Brinquedos e jogos Toys and games

Quero um brinquedo/um jogo...	**I'd like a toy/a game...** *aid laik â tói/â gheimm*
para meninos	**for a boy** *fór â bói*
para uma menina de cinco anos	**for a 5-year-old girl** *fór â faiv-yiâ ould gâ:l*
um balde e uma pá	**a bucket and spade** *â bakit ænd speid*
um jogo de xadrez	**a chess set** *â tchéss sét*
uma boneca	**a doll** *â dól*
um jogo eletrônico	**an electronic game** *ânn iléktrónik gheimm*
um urso de pelúcia	**a teddy bear** *â tédi béa*

Antiguidades Antiques

Quanto tempo tem isso?	**How old is this?** *hau ould iz DHiss*
Tem alguma coisa do período...?	**Have you got anything of the... era?** *hæv yu: gót éniTHing âv DHâ... iârâ*
Pode mandá-la para mim?	**Can you send it to me?** *kænn yu: sénd it tu mi:*
Posso ter problemas na alfândega?	**Will I have problems with customs?** *wil ai hæv próblâmz wiDH kastâmmz*
Tem certificado de autenticidade?	**Is there a certificate of authenticity?** *iz DHér â sâtifikât âv ó:THéntisiti*

Supermercado/Minimercado
Supermarket/Minimart

No centro das cidades, há redes de supermercados como **Coop**, **Safeway**, **Sommerfield** ou **Waitrose** e, na periferia, em geral um ou mais hipermercados como **Sainsbury's**, **Tesco** ou **Safeway**.

No supermercado At the supermarket

Com licença. Onde encontro...?	**Excuse me. Where can I find...?** iks<u>kyu:z</u> mi:. wéa kænn ai faind
Pago aqui ou no caixa?	**Do I pay for this here or at the checkout?** du: ai pei fó: DHiss hiâr ór æt DHâ <u>tché</u>kaut
Onde estão as cestinhas/ os carrinhos?	**Where are the baskets/trolleys?** wér a: DHâ <u>ba:</u>skits/<u>tró</u>liz
Tem um/uma... aqui?	**Is there a... here?** iz DHér â... hia
padaria	**bakery** <u>bei</u>kâri
farmácia	**pharmacy** <u>fa:</u>mâssii
delicatéssen	**delicatessen** délikâ<u>téss</u>ânn
Onde encontro...?	**Where can I find...?** wéa kænn ai faind
produtos em lata	**tinned goods** tind gudz
café/chá	**coffee/tea** <u>kó</u>fi:/ti:
flocos de cereal	**cereals** <u>si:</u>riâlz
produtos de toalete	**toileteries** <u>tói</u>létri:z
Pode me dar uma sacola, por favor?	**Can I have a bag, please?** kænn ai hæv â bæg pli:z
Acho que há algum erro na nota.	**I think there's a mistake in the receipt.** ai THink DHéaz â mis<u>teik</u> inn DHâ ris<u>si:t</u>

CASH ONLY	pagamento somente em dinheiro
HOUSEHOLD GOODS	produtos domésticos
FRESH MEAT	açougue
BREAD AND CAKES	pão e bolos
CANNED FRUIT/VEGETABLES	frutas/legumes em lata
FRESH PRODUCE	frutas e hortaliças frescas
FRESH FISH	peixaria
CLEANING PRODUCTS	produtos de limpeza
DAIRY PRODUCTS	laticínios
FROZEN FOODS	congelados
WINES AND SPIRITS	vinhos e bebidas alcoólicas
POULTRY	aves

Pesos e medidas

- **1 pound (lb)** = 453,60 g **1 ounce (oz)** = 28,35 g
  1 kg = 2,2 lb **3.5 oz** = 100 g
- **1 gallon** = 4,55 l **1 pint** = 0,57 l

KEEP REFRIGERATED	manter sob refrigeração
EAT WITHIN… DAYS OF OPENING	consumir até… dias depois de aberto
SUITABLE FOR VEGETARIANS	adequado para vegetarianos
SELL BY…	vender até…
MICROWAVEABLE	para microondas
REHEAT BEFORE EATING	aqueça antes de consumir

– Excuse me, where can I find the cheese?
(Com licença, onde está o queijo?)
– Fresh or vacuum-packed?
(Fresco ou embalado a vácuo?)
– Fresh, please. (Fresco, por favor.)
– OK. On the second left.
(No segundo corredor à esquerda.)

No minimercado   At the minimart

Quero um pouco daquilo/disso.	**I'd like some of that/this.** aid laik samm âv DHæt/DHiss
Este/aquele.	**This one./Those.** DHiss wann/DHauz
À esquerda/à direita	**To the left/right.** tu DHâ léft/rait
Lá/aqui.	**Over there./Here.** <u>ou</u>vâ DHéa/hia
Qual/Quais?	**Which one/ones?** witch wann/wannz
Isso é tudo, obrigado.	**That's all, thanks.** DHæts ó:l THænks
Eu queria um/uma/uns/umas...	**I'd like...** aid laik
quilo de maçãs	**a kilo of apples** â <u>ki</u>lou âv <u>æ</u>pâlz
meio quilo de tomate	**half a kilo of tomatoes** ha:f â <u>ki</u>lou âv tâ<u>ma</u>:touz
cem gramas de queijo	**100 grams of cheese** wann <u>han</u>drâd græmz âv tchi:z
litro de leite	**a litre of milk** â <u>li:</u>târ âv milk
meia dúzia de ovos	**half a dozen eggs** ha:f â <u>da</u>zânn égz
...fatias de presunto	**...slices of ham** ...<u>sslais</u>siz âv hæmm
fatia de bolo	**a piece of cake** â pi:ss âv keik
garrafa de vinho	**a bottle of wine** â <u>bó</u>tâl âv wainn
caixa de leite	**a carton of milk** â <u>ka:</u>tânn âv milk
vidro de geléia	**a jar of jam** â dja:r âv djæmm
pacote de batata frita	**a packet of crisps** â <u>pæ</u>kit âv krisps
lata de coca-cola	**a can of cola** â kænn âv <u>kou</u>lâ

– I'd like a pound of this cheese, please.
(Quero uma libra deste queijo, por favor.)
– This one? (Este aqui?)
– Yes, the Cheddar please. (Sim, o Cheddar, por favor.)
– Certainly… Anything else? (Pronto... Mais alguma coisa?)
– A carton of coleslaw, please.
(Uma embalagem de salada de repolho, por favor.)
– Here you are.

Alimentos/Piquenique Provisions/Picnic

Português	Inglês / Pronúncia
manteiga	**butter** _ba_tâ
queijo	**cheese** tchi:z
batatas fritas (palito)	**chips** tchips
biscoitos	**biscuits** _bis_kits
batata frita (chips)	**crisps** krisps
ovos	**eggs** égz
uvas	**grapes** greips
sorvete	**ice cream** aisskri:mm
café solúvel	**instant coffee** _ins_tânt _kó_fi
pão	**loaf of bread** louf âv bréd
margarina	**margarine** _ma:_djâri:nn
leite	**milk** milk
pãezinhos	**rolls** roulz
salsicha	**sausages** _sós_sidjiz
pacote de seis latas de cerveja	**six-pack of beer** _siks_-pæk âv bia
refrigerante	**soft drinks** sóft drinks
saquinhos de chá	**tea bags** ti: bægz
caixa de vinho	**winebox** _wainn_bóks
bolo	**cake** keik

Fish and Chips: peixe e batatas fritas embrulhados num cone de papel, o que permite comê-los onde quiser. Uma maneira bastante econômica de se alimentar.

Sanduíches: há uma grande variedade nas **sandwich shops** (lanchonetes, sanduicherias), para comer no local (**to eat in**) ou para viagem (**to take away**), e em grandes lojas de departamentos como Marks and Spencer, Sainsbury's ou Tesco. Na maioria, pode-se escolher entre **white bread** (pão de fôrma branco) e **brown bread** (pão integral).

Emergências/Saúde

Polícia	161	Ginecologista	167
Perdas/Roubos e furtos	162	Hospital	167
		Óptica	167
Médico/Geral	163	Dentista	168
Sintomas	164	Pagamento/Plano de saúde	168
Perguntas do médico	165		
Partes do corpo	166		

Polícia Police

Para qualquer problema, ligue ☎ 999, número gratuito comum à polícia, aos bombeiros e às ambulâncias. Os policiais ingleses usam farda azul escura e capacete e não andam armados. Os guardas de trânsito (**traffic wardens**) são fáceis de reconhecer pela farda preta.

Onde fica a delegacia de polícia mais próxima?	**Where's the nearest police station?** wéaz DHâ nirist pâli:ss ssteichânn
Alguém aqui fala português?	**Does anyone here speak Portuguese?** daz éniwann hia sspi:k pó:tchughi:z
Gostaria de registrar...	**I want to report...** ai wónt tu ripó:t
um acidente/um ataque	**an accident/an attack** ânn æksidânt/ânn âtæk
um assalto/ um estupro	**a mugging/a rape** â maghing/a reip
Meu filho(a) desapareceu.	**My child is missing.** mai tchaild iz missinng
Eis a foto dele(a).	**Here's a photo of him/her.** hiaz â foutou âv himm/hâ:
Tem alguém me seguindo.	**Someone's following me.** samwanz fólouing mi
Preciso de um advogado que fale português.	**I need a Portuguese-speaking lawyer.** ai ni:d â pó:tchughi:z-sspi:king ló:yâ
Preciso dar um telefonema.	**I need to make a phone call.** ai ni:d tu meik â founn kó:l
Preciso falar com o consulado.	**I need to contact the... Consulate.** ai ni:d tu kóntækt DHâ... kónsyulât
brasileiro	**Brazilian** brâzilyânn

Perdas/Roubos e furtos
Lost property/Theft

Gostaria de registrar um arrombamento.	**I want to report a theft/break-in.** ai wónt tu ripó:t â THéft/breik-inn
Fui roubado/assaltado	**I've been robbed/mugged.** aiv bi:nn róbd/magd
Perdi meu...	**I've lost my...** aiv lóst mai
Roubaram meu/minha/ meus/minhas...	**My... has been stolen.** mai... hæz bi:nn sstoulânn
bicicleta	**bicycle** baissikâl
câmera fotográfica	**camera** kæmârâ
carro (alugado)	**(hire) car** (haiâ) ka:
cartões de crédito	**credit cards** krédit ka:dz
bolsa	**handbag** hændbæg
dinheiro	**money** mani
passaporte	**passport** pa:spó:t
bolsa	**purse** pâ:ss
entrada/passagem	**ticket** tikit
carteira	**wallet** wólit
relógio de pulso	**watch** wótch
O que devo fazer?	**What shall I do?** wót chael ai du:
Preciso de uma cópia do boletim de ocorrência para a seguradora.	**I need a police report for my insurance claim** ai ni:d â pâli:ss ripó:t fó: mai inchurâns kleimm

What's missing?	O que está faltando?
When did it happen?	Quando aconteceu?
Where are you staying?	Onde está hospedado?
Where was it taken from?	Onde foi roubado(a)?
Where were you at the time?	Onde você estava na hora?
We're getting an interpreter for you.	Vamos lhe conseguir um intérprete.
We'll look into the matter.	Vamos investigar o assunto.
Could you fill in this form?	Pode preencher este formulário?

Médico/Geral   Doctor/General

Onde encontro um médico/dentista?	**Where can I find a doctor/dentist?** wéa kænn ai faind â <u>dóktâ</u>/<u>déntist</u>
Onde há um médico que fale português?	**Where's there a doctor who speaks Portuguese?** wéaz DHér â <u>dóktâ</u> hu: sspi:ks pó:tchu<u>ghi:z</u>
Qual é o horário do consultório?	**What are the surgery hours?** wót a: DHâ <u>sâ:</u>djâri auâz
O médico pode vir me ver aqui?	**Could the doctor come to see me here?** kud DHâ <u>dók</u>tâ kamm tu si: mi: hia
Posso marcar um horário para...?	**Can I make an appointment for...?** kænn ai meik ânn â<u>póint</u>mânnt fó:
hoje/amanhã	**today/tomorrow** tâ<u>dei</u>/tâ<u>mó</u>rou
o mais cedo possível	**as soon as possible** æz su:nn æz <u>póss</u>âbâl
É urgente.	**It's urgent.** its <u>â:</u>djânt
Tenho uma hora marcada com o doutor...	**I've got an appointment with Doctor...** aiv gót ânn â<u>póint</u>mânt wiDH <u>dók</u>tâ
Meu/minha... está sentindo dor/está ferido(a).	**My... is hurt/injured.** mai... iz hâ:t/<u>indj</u>âd
marido/mulher	**husband/wife** haz<u>b</u>ânnd/waif
filho/filha	**son/daughter** sann/<u>dó:</u>tâ
amigo(a)	**friend** frénd
neném	**baby** <u>bei</u>bi
Ele/Ela está...	**He/She is...** hi:/chi: iz
inconsciente	**unconscious** ann<u>kón</u>châss
(gravemente) ferido(a)	**(seriously) injured** (<u>siriâss</u>li) <u>indj</u>âd
Está sangrando (muito)	**He/She is bleeding (heavily).** hi:/chi: iz <u>bli:</u>dinng (<u>hé</u>vili)
Meu/minha... está doendo.	**My... hurts.** mai... hâ:ts

HORAS ➤ 220; DATAS ➤ 218

Sintomas Symptoms

Estou doente há… dias.	**I've been feeling ill for… days.** *aiv bi:nn fi:ling il fó:… deiz*
Vou desmaiar.	**I feel faint.** *ai fi:l feint*
Estou com febre.	**I feel feverish.** *ai fi:l fi:vârich*
Vomitei.	**I've been vomiting.** *aiv bi:nn vómiting*
Estou com diarréia.	**I've got diarrhoea.** *aiv gót daiâria*
Está doendo aqui.	**It hurts here.** *it hâ:ts hia*
Estou com…	**I've got…** *aiv gót*
cólicas	**cramps** *kræmps*
insolação	**sunstroke** *sann-sstrouk*
dor de estômago	**a stomachache** *â sstamâk eik*
dor de garganta	**a sore throat** *â só: THrout*
dor de ouvido	**an earache** *ânn ireik*
dor de cabeça	**a headache** *â hédeik*
dor nas costas	**a backache** *â baekeik*
um resfriado	**a cold** *â kould*
torcicolo	**a stiff neck** *â stif nék*

Problemas clínicos Health conditions

Sofro de artrite.	**I've got arthritis.** *aiv gót a:THraitis*
Sofro de asma.	**I've got asthma.** *aiv gót æssmâ*
Sou/estou…	**I'm…** *aimm*
surdo	**deaf** *déf*
diabético	**diabetic** *daiâbétik*
epilético	**epileptic** *épiléptik*
deficiente físico	**handicapped** *hændikæpt*
grávida (de… meses)	**(… months) pregnant** *(… manTHs) prégnânt*
Sou cardiopata.	**I've got a heart condition.** *aiv gót â ha:t kândichânn*
Tenho pressão alta.	**I've got high blood pressure.** *aiv gót hai blad préchâ*
Tive um enfarte há… anos.	**I had a heart attack… years ago.** *ai hæd â ha:t âtæk… yiaz âgou*

Perguntas do médico Doctor's inquiries

How long have you been feeling like this?	Há quanto tempo está se sentindo assim?
Is this the first time you've had this?	É a primeira vez que sente isso?
Are you taking any other medicines?	Toma outros medicamentos?
Are you allergic to anything?	É alérgico a alguma coisa?
Have you been vaccinated against tetanus?	Foi vacinado contra tétano?
Have you lost your appetite?	Perdeu o apetite?

Exame Examination

I'll take your temperature/blood pressure.	Vou tirar a sua temperatura/pressão.
Roll up your sleeve, please.	Arregace a manga, por favor.
Please undress to the waist.	Por favor, dispa-se até a cintura.
Please lie down.	Por favor, deite-se.
Open your mouth.	Abra a boca.
Breathe deeply.	Respire fundo.
Cough please.	Tussa, por favor.
Where does it hurt?	Onde dói?
Does it hurt here?	Dói aqui?

Diagnostic Diagnosis

I want you to have an x-ray.	Quero que tire uma radiografia.
I want a specimen of your blood/stools/urine.	Quero um exame de sangue/fezes/urina.
I want you to see a specialist.	Quero que consulte um especialista.
I want you to go to the hospital.	Você precisa ir a um hospital.
It's broken/sprained.	Está quebrado/torcido.
It's dislocated/torn.	Está luxado/distendido.

Tratamento Treatment

I'll give you...	Vou lhe dar...
an antiseptic	um antisséptico
a pain killer	um analgésico
I'm going to prescribe	Vou lhe receitar...
a course of antibiotics/ some suppositories.	antibióticos/ supositórios
Are you allergic to any medicines?	É alérgico a algum medicamento?
Take one pill every	Tome um comprimido a cada
... hours	... horas
... times a day	... vezes por dia
before/after each meal	antes/depois das refeições
in case of pain	em caso de dor
for... days	durante... dias
Consult a doctor when you get home.	Consulte um médico quando voltar para casa.

Partes do corpo Parts of the body

amígdalas	**tonsils** *tónsâlz*
apêndice	**appendix** *âpéndiks*
articulação	**joint** *djóint*
bexiga	**bladder** *blædâ*
coração	**heart** *ha:t*
costela	**rib** *rib*
coxa	**thigh** *THai*
estômago	**stomach** *stamâk*
fígado	**liver** *livâ*
garganta	**throat** *THrout*
glande	**gland** *glænd*
joelho	**knee** *ni:*
lábio	**lip** *lip*
língua	**tongue** *tang*
maxilar	**jaw** *djó*
músculo	**muscle** *massâl*
ombro	**shoulder** *chouldâ*
osso	**bone** *bounn*
pele	**skin** *skinn*
pescoço	**neck** *nék*
rim	**kidney** *kidni*
seio	**breast** *brést*
tórax	**chest** *tchést*
veia	**vein** *veinn*

Ginecologista Gynaecologist

Tenho…	**I have…** ai hæv
dores abdominais	**abdominal pains** æb<u>dó</u>minâl peinnz
cólicas menstruais	**period pains** piriâd peinnz
uma infecção vaginal	**a vaginal infection** â vâ<u>dj</u>ainâl in<u>fék</u>chânn
Não menstruo há… meses.	**I haven't had my period for… months.** ai <u>hæ</u>vânnt hæd mai piriâd fó:… mannTHs
Tomo anticoncepcional.	**I'm on the Pill.** aimm ónn DHâ pil

Hospital Hospital

Avise à minha família, por favor.	**Please notify my family.** pli:z <u>nou</u>tifai mai <u>fæ</u>mili
Estou sentindo dor.	**I'm in pain.** aimm inn peinn
Não consigo comer/dormir.	**I can't eat/sleep.** ai ka:nt i:t/ssli:p
Quando chega o médico?	**When will the doctor come?** wénn wil DHâ <u>dók</u>tâ kamm
Em que ala… está?	**Which ward is… in?** witch wó:d iz… inn
Vim visitar…	**I'm visiting…** aimm <u>vi</u>ziting

Óptica/oftalmologista Optician

Sou míope/hipermetrope.	**I'm short-sighted/long-sighted.** aimm chó:t <u>sai</u>tid/lóng <u>sai</u>tid
Perdi…	**I've lost…** aiv lóst
uma das minhas lentes de contato	**one of my contact lenses** wann âv mai <u>kón</u>tækt <u>lén</u>ziz
meus óculos	**my glasses** mai <u>gla:</u>ssiz
uma lente	**a lens** â lénz
Pode me conseguir um par sobressalente?	**Could you give me a replacement?** kud yu: ghiv mi: â ri<u>pleiss</u>mânt

Dentista Dentist

Estou com dor de dentes.	**I've got toothache.** *aiv gót tu:THeik*
Este dente está doendo.	**This tooth hurts.** *DHiss tu:TH hâ:ts*
Perdi uma obturação/ um dente.	**I've lost a filling/tooth.** *aiv lóst â filing/tu:TH*
Pode consertar esta dentadura?	**Can you repair this denture?** *kænn yu: ripéa DHiss déntchâ*
Não quero arrancá-lo.	**I don't want it extracted.** *ai dount wónt it ikstræktâd*

I'm going to give you an injection/a local anesthetic.	Vou lhe dar uma injeção/uma anestesia local.
You need a filling/crown.	Você precisa de uma obturação/ uma coroa.
I'll have to take it out.	Vou ter de extrair.
I can only fix it temporarily.	Só posso fazer um curativo temporário.
Don't eat anything for … hours.	Não coma nada durante… horas.

Pagamento/Plano de saúde Payment/Insurance

Quanto lhe devo?	**How much do I owe you?** *hau match du: ai ou yu:*
Tenho plano de saúde.	**I have insurance.** *ai hæv inchu:râns*
Pode me dar um recibo para o plano de saúde?	**Can I have a receipt for my health insurance?** *kænn ai hæv â rissi:t fó: mai hélTH inchu:râns*
Pode preencher esta ficha do plano de saúde?	**Would you fill in this health insurance form, please?** *wud yu fil inn DHiss hélTH inchu:râns fó:mm pli:z*
Você tem...?	**Have you got…?** *hæv yu: gót*
um plano de saúde	**health insurance** *hélTH inchu:râns*

Glossário português-inglês A-Z

Você encontrará a maior parte das palavras deste glossário nas páginas onde elas aparecem dentro de uma expressão. As notas a seguir dão uma idéia a mais sobre algumas regras principais da gramática inglesa.

Substantivos e adjetivos

Não há desinência de gênero em inglês e o plural da maioria dos substantivos se forma com o acréscimo de **(e)s** ao singular:

singular *plural*
book **books**
dress **dresses**

Os adjetivos costumam vir antes do substantivo:
a large black bag   uma bolsa preta grande

(O artigo ➤ 15; Os pronomes ➤ 16.)

Verbos

Na maior parte dos verbos, o infinitivo é utilizado em todas as pessoas do presente; acrescenta-se simplesmente **-(e)s** à 3ª pessoa do singular (ele/ela). Os verbos **to be** (ser/estar) e **to have** (ter) são irregulares (as formas contraídas estão entre parênteses):

	(to) like	(to) be	(to) have
	(gostar)	*(ser/estar)*	*(ter)*
I *(eu)*	like	am (I'm)	have (I've)
you *(tu/você/vocês)*	like	are (you're)	have (you've)
he/she/it *(ele/ela/isso)*	likes	is (he's, etc.)	has (he's, etc.)
we *(nós)*	like	are (we're)	have (we've)
they *(eles/elas)*	like	are (they're)	have (they've)

A negação se forma por meio do verbo auxiliar **do/does + not** + infinitivo:
I don't like it.   Não gosto disso.
He doesn't go to school.   Ele não vai à escola.

O **present continuous** é formado com o verbo **to be** (estar) + o gerúndio (**-ing**). Indica uma ação que está em andamento ou um estado existente no momento exado em que se fala:
Where are you going?   Aonde vai?
I'm writing a letter. Estou escrevendo uma carta.
She's not coming today. Ela não vem hoje.

(Perguntas ➤ 12.)

PORTUGUÊS ➤ INGLÊS

A-Z

A a negócios on business 66
à tarde in the afternoon, p.m.
abadia abbey 99
aberto open 14, 100, 132
abridor de garrafas bottle opener 149
abridor de latas can opener 149
abril April 218
abrir open 132, 140
absorventes tampons 143
absorvente higiênico sanitary towel 143
acabar end 108
acampamento campsite 30, 123
acampar camp
acaso: por ~ by chance 17
aceitar accepting 125
acelerador accelerator 91
acessibilidade accessible 100; **tem acesso para deficientes?** is it accessible to the disabled?
achar find 18
acidente accident 92, 161
aço inoxidável stainless steel 150
acompanhamentos (*pratos*) side order 38
acompanhar accompany 65
acontecer happen 93, 162
acordar wake 27
açougue butcher 130
acreditar believe
açúcar sugar 38, 39
adequado para suitable for
adoçante sweetener 38
adorar: adoro I love 119

adultos adults 81, 100
advogado lawyer 161
aeroporto airport 84, 96
afogador choke 91
afogar: alguém está se afogando someone is drowning
afta mouth ulcer
agasalho impermeável waterproof jacket 146
agência de viagens tour operator 26
agência dos Correios post office 96, 131, 153
agora now 13, 84
agosto August 218
agradável pleasant 14
água water; **~ sanitária** bleach 149; **~ destilada** distilled water; **~ mineral** mineral water 51; **~ potável** drinking water 30
ainda não not yet 13
ajuda help 94
ajudar help 18, 92, 224
alarme de incêndio fire alarm
alavanca lever; **~ de câmbio/ marcha** gear lever 82, 91
albergue hostel 20; **~ da juventude** youth hostel 20, 29
álcool alcohol 49
alergia allergy
alérgico (a) allergic (to) 165, 166
alfândega customs 67, 156
alfinetes de segurança safety pins
algodão cotton 146; (*hidrófilo*) cotton wool 142
alguém someone 16; **~ fala português?** does anyone speak Portuguese?

PORTUGUÊS ➤ INGLÊS

alguma coisa something 16
alguns a few 15
aliança wedding ring
alimentos provisions 160
almoço lunch 13, 34, 98, 124
alternador alternator 91
alto (*som*) loud; **mais ~** louder 128
alto high 122
alugar rent 83; hire 86, 116, 117
amamentar feed 39
amanhã tomorrow 13, 84, 89, 122, 124, 163, 218
amarelo yellow 144
amargo bitter 41
amável friendly
ambulância ambulance 92
amígdalas tonsils 166
amigdalite tonsillitis
amigo(a) friend 120, 163
amortecedores shock absorbers 91
ampliar enlarge 152
analgésico pain killers 142, 166
andar floor 132
anel ring 150
anestesia anaesthetic; **~ local** local anaesthetic 168
animal animal 106
ano year 218
antes before 13; by 221
antibiótico antibiotics 166
anticoncepcional contraceptive
antiguidades antiques 156
antiquário antique shop 130
antisséptico antiseptic 166
aparelho de surdez hearing aid

apartamento (*locação*) apartment 28; flat 123
apêndice appendix 166
apertado tight 147
ápice top
apólice de seguro insurance certificate 93
aposentado retired 121
aposta (*nos cavalos*) bet 115
aprender learn
apresentações introductions 118
apresentar introduce 118
aquecedor de água water heater 28
aquecedor heater
aquecimento heater 91; heating 25; **~ central** central heating
aquele lá that one 16
aquele that
aqui here 12
aqui: ~ está here it is 17
ar-condicionado air conditioning 22, 25, 86
área de pedestres pedestrian precinct 96
área para prática de esportes sports ground 96
areia sand
armação (*óculos*) frame (glasses)
armário cupboard
aro da roda rim 82
arquiteto architect
arranhão graze 141
arriada (*bateria*) dead 88
arrombamento break-in 162
arrumadeira maid 27

PORTUGUÊS ➤ INGLÊS

A-Z

A-Z

arte art
artesanato handicrafts
articulação joint 166
artigos de toalete toiletries 143
artista artist
artrite arthritis 164
árvore tree 106
às (+ *horas*) at 13; **a 2 km de ...** two kilometres from ... 88
às vezes sometimes 13
asma asthma 164
aspirina aspirin 142; **~ solúvel** soluble aspirin
assado roasted
assaltado mugged 162
assalto mugging 161
assento (*lugar*) seat 74, 75; (*no carro*) **~ para crianças** child seat
assim like this
assinar sign 139
assinatura signature 23
atadura bandage 142
ataque attack 161
ataque cardíaco heart attack 164
até logo good-bye 10, 224; (*no telefone*) bye 128; see you soon 126
até until 221
atletismo athletics 115
ator/atriz actor/actress
atrás behind 95, 148
atraso delay 70; **atrasado** late 221
através through
aula lesson 116

auto-estrada motorway 85, 92
autônomo self-employed 121
autor/dramaturgo playwright 110
auto-serviço self-service 87
avião plane 68, 123
avós grandparents
azedo acid/sour 41
azeite oil
azul blue 144

B

babá baby-sitting 113
babador *bib*
bagageiro (*da bicicleta*) bicycle bag 82
bagageiro de teto roof-rack
bagagem luggage 32, 67, 71; **~ de mão** hand luggage 69
baixar (*o aquecimento*) turn down
baixo low 122; **em ~** downstairs 12
balcão de achados e perdidos lost property office 73; **balcão de informações** information desk 73
balde bucket 156
baldeação connection 76
balé ballet 108, 111
balsa ferry 81, 123
banca de jornais newsagent 151
banco bank 130, 138
bandeja tray
banhado a ouro/prata gold/silver plate 150
banheiro bath(room) 21, 26, 29; toilet 29
banho bath

bar bar 26, 112
barata (*inseto*) cockroach
barato cheap 14, 134; inexpensive 35
barba beard
barbeador razor 26; **~ elétrico** electric shaver
barco boat 81
barco boat; **~ a motor** motorboat 117; **~ salva-vidas** life boat 81
barco a remo rowing boat
barraca tent 30, 31
barulhento noisy 14, 24
bastante enough 15
bastões (*de esqui*) poles 117
batatas fritas chips 38, 160
batatas potatoes 38, 47
bateria battery 88, 91
batom lipstick
beber alguma coisa go for a drink 124;
beber drink
bebês baby 143, 163
bebida drink 41; 49, 51
bege bege 144
beijar kiss 126
bem-vindo a welcome to …
berço cot 22
bexiga bladder 166
biblioteca library 131
bicicleta bicycle 162; **~ com 3 marchas** three-gear bicycle 83
bicicleta bicycle 83
bicicleta para trilhas mountain bike 83
bidê bidet
bigode moustache
binóculos binoculars

biscoitos biscuits 160
blusa blouse 145
boa noite good night 10; good evening 10, 224
boa sorte! good luck! 219
boate night club
bobagem rubbish 19
boca mouth 165, 166
boiler boiler 29
boletim de ocorrência (*policial*) police report 162
bolha (*machucado*) blister 141
bolo cake 40
bolsa bag 67, 157; **~ de mão** handbag 145, 162;
bolsa de água quente water bottle
bolsa purse 162
bom dia hello 10, 224; good morning 10, 224
bom good 14; **~ apetite** enjoy your meal 37
bomba pump 82; **~ de gasolina** pump 87
bombeiros fire brigade 92
bonde tram
boneca doll 156
bonito beautiful 14, 101; nice 14
bordado embroidery
bosque wood 107
botão button
botas boots 146
botas de esqui ski boots 117
braço arm 166
branco white 144
briga fight
brilhante (*acabamento de fotografias*) glossy finish

A-Z

brincos earrings 150
brinquedo toy 156
bronquite bronchitis
bronzeado tan
bronzear sunbathe, to
bufê (*que fornece alimentos prontos*) caterer
bujão de gás gas bottle 28
buraco (*nas roupas*) hole (in clothes)
buscar: vir ~ pick up 109, 113
buzina horn 82, 91

C

cabeça head 166
cabeleireiro hairdresser 131; hairstylist 148
caber (*roupas*) fit 147
cabide hanger 27
cabine cabin; **~ dupla** double cabin 81; **~ simples** (*para uma pessoa*) single cabin 81; **~ telefônica** telephone box 127; **~ provador** (*roupas*) fitting room 147
cabo cable; **~ de câmbio** gear cable 82; **~ do freio** brake cable 82
cachecol scarf 145
cachimbo pipe (smoking)
cachoeira waterfall 107
cachorro dog
cachorro-quente hot dog 110
cadarço (*do sapato*) shoe laces
cadeado padlock
cadeira chair; **~ alta** (*para crianças*) high chair 39; **~ dobrável** folding chair

cadeira de rodas wheelchair
café (*bar*) café 35; (*bebida*) coffee 40, 51, 157; **~ solúvel** instant coffee 160
café da manhã breakfast 23, 24, 26, 34, 43
caixa (*para pagamentos*) cash desk 132; checkout 157
caixa automático cash machine 139
caixa box 110; **~ de fusíveis** fuse box 28; **~ de correio** letterbox; postbox 153; **~ de bombons** box of chocolates 155; **~ de marcha** gearbox 91; **~ de leite** carton (of milk) 159
calçada pavement
calção de banho swimming trunks 145
calças trousers 145
caldeirão cooking pot
caldo stock 44
calendário calendar 155
calmo quiet 126
calota wheel cover 90
cama bed 22; **duas camas** twin beds pl 21
cama de casal double bed 21
câmara de ar inner tube 82
câmera de vídeo video recorder
caminhada a pé (*com mochila nas costas*) go backpacking; hiking
câmera fotográfica camera 152, 162
caminhada: equipamento para caminhada walking/hiking gear
caminhão lorry

caminho (foot)path 107; **~ para passeios a pé** walking route 106
camisa shirt 145
campainha bell 82
campo countryside 106
campo de golfe golf course 115
campo field 107; **~ de batalha** battle site 99
canal: da Mancha the (English) Channel
cancelar cancel 68
câncer cancer
caneca mug 149
caneta esferográfica bille pen 151
canhoto receipt 152
canivete pocket knife
cansado tired
cantor singer 156
canudo (*para beber*) straw (drinking)
capa de chuva raincoat 145
capacete helmet 82; **~ de ciclista** cycle helmet
capô bonnet 90
carburador carburettor 91
cardápio menu 37
cardiopata (*doença*) heart condition 164
carne meat 41, 46
caro expensive 14, 134
carona hitchhiking 83
carregador porter 71
carrinho (*de supermercado*) trolley 157; **~ de bagagem** luggage trolley 71
carrinho de bebê push chair
carrinho de sentar (*para bebês*) push-chair

carro car 12, 17, 81, 85, 86, 123; **~ alugado** hire car 162; **~ automático** an automatic 86; **de ~** by car 95
carta de vinhos wine list 37;
carta registrada registered mail
cartão card; **~ de banco** bank card 139; **~ de garantia de cheques** cheque guarantee card; **~ de assinatura** (*para teatro, concertos*) season ticket; **~ de crédito** credit card 17, 42, 109, 136, 162; **~ telefônico** phone card 127; **~ postal** postcard 151, 155;
cartão telefônico phone card 154
carteira de habilitação student card 29; **~ de identidade** identification 139
carteira de motorista driving licence 85, 93
carteira wallet
carteiro postman
carvão charcoal 31
casa de câmbio bureau de change 70, 73, 138
casa house; **~ de veraneio/~ de férias** cottage 28
casaco coat 145
casado married 120
casamento wedding
cassete (*fita*) cassette 156; **video~** videocassette 156
castelo castle 99
catedral cathedral 99
católico(a) Catholic 105

A-Z

causa: por ~ de because of 15
cavalo horse
caverna cave 107
caxumba mumps
CD CD (compact disc) 156
CD compact disc
cedo early 13, 14, 221; **mais ~** earlier 125
cem hundred 217
cemitério cemetery 99
centro centre 83; **~ comercial** shopping centre 130; **~ da cidade** centre of town 21, 99
cerâmica ceramics
certeza: tem ~? are you sure?
certificado certificate 150; **~ de autenticidade** certificate of authenticity 156
cerveja beer 40, 49, 160
cestinha (de supermercado) basket 157
chá tea 40, 51, 157
chafariz fountain 99
chaleira kettle 29
chamar: eu me chamo... my name is… 22
champignons mushrooms
chão ground 31
chapéu hat 145
charutos cigars 151
chato boring 101
chave de fenda screwdriver 149
chave key 27, 28; **~ da ignição** ignition key 90
chaveiro key ring 155
check-in check-in 68
chefe (de um grupo) leader
chega that's enough 19
chegada arrival 66, 69, 70; checking in 30
chegar arrive 77
cheio full 14; **~ de combustível** full up 87
cheque cheque; **~ de viagem** traveller's cheques 136; **talão de ~s** cheque book
chiclete chewing gum 151
chinês Chinese 35
chocolate chocolate; **~ quente** hot chocolate 51
chope (cerveja tirada na pressão) draught
choque (elétrico) (electric) shock
chover rain 122
chumbo: sem ~ unleaded 87
chupeta para bebês dummy
churrascaria steak house 35
chuveiro shower 21, 26
ciclismo cycling 115
ciclovia cycle path 106
cidade town 12, 17; **~ velha** old town 96, 99
cinco five 15, 216
cinema cinema 96, 110
cinto belt 145; **~ de segurança** seat belt 90
cinto salva-vidas lifebelt
cinzeiro ashtray 39
cinzento grey 144
claro light 14, 134, 144
classe class; **~ executiva** business class 68; **~ econômica** economy class 68; **primeira ~** first class 68

clube esportivo sports club 115
cobertor blanket 27
cobre (*metal*) copper 150
código code; (*para telefonar*) dialling code 127
cofre-forte safe 27
cogumelos mushrooms
coisa: alguma ~ something
coisas things 27
colapso: ter um ~ collapse: he's collapsed
colar necklace 150
colchão mattress; **~ inflável** air mattress 31
colete salva-vidas life belts 81
colher spoon 39, 149; **colheres de chá** teaspoons 149
cólicas cramps 164
cólicas menstruais period pains 167
coluna column; **~ de direção** steering column 91; **~ vertebral** spine
com antecedência in advance 21
com freqüência often 13
com licença excuse me 10
com with
combustível fuel 86
começar start 108
comer eat 167
comer fora go out for a meal 124
comida food 41
comida para bebês baby food 143
comissão commission 138
como? how? 17; **~ vai?** how are you 118; **~ estão as coisas?** how are things? 19

companhia company 126
compartimento compartment
compositor composer 111
compota (*geléia*) marmalade 43
comprar buy
compressor de ar air pump 87
comprido long 147
comprimento length
comprimido (*pílula*) pill 166
computador computer
comum (*gasolina*) regular 87
concerto concert 108, 111
concordo I agree
condicionador conditioner 143
confeitaria cake shop 131
confirmar confirm 22, 68
confortável comfortable; **desconfortável** not comfortable
confusão mental por causa do fuso horário; estou com ~ I'm jet lagged
congelador freezer 29
conhecer: conhecer-se meet 118
conhecido popular 111
consciência: ela/ele perdeu a ~ she/he's unconscious 92; **sem ~** unconscious 163
consciente: ele está consciente he's conscious
consertar repair 89, 137
conserto de calçados shoe repair
consertos repairs 89, 137
consulado consulate 161
consultório médico surgery 163

PORTUGUÊS ➤ INGLÊS

A-Z

conta (*para pagar*) bill 32, 42
conta: a conta, por favor! the bill, please! 42
contador (*profissional de contabilidade*) accountant 121
contato: entrar em ~ contact 28, 161
contente happy; **não estou ~ com o serviço** I'm not happy with the service
conter contain 154
continuar a continue to
continue carry on 19
contra against
contusão contusion/bruise
convites invitations 124
cópia copy
copiadora photocopier 154
copo glass 37, 39, 40, 149
cor colour 152
coração heart 166
corda rope
coroa (*dentária*) crown 168
corpo body
corredor aisle 74
correia do ventilador fan belt 91
correio post 27, 153
corrente chain 82
correto correct
corretor de imóveis estate agent
corrida race
corte cut; **~ de cabelo** haircut; **~ e secagem** cut and blow-dry 148; **~ de energia** power cut
cortinas curtains
costa (*litoral*) coast

costas back 166
costela rib 166
couro leather 146
couve-flor cauliflower 47
coxa thigh 166
cozinha kitchen 29; food 119
cozinhar cook
creche playgroup 113
crédito credit
creme cream; **~ de barbear** shaving cream; **~ antisséptico** antiseptic cream 142; **~ bronzeador** suntan cream 143
criança/crianças child/children 22, 74, 81, 100, 113, 120
cristal crystal 150
cruz cross
cruzamento cross-roads 95
cruzeiro cruise; **cruzeiro pelo rio** river cruise 81
cuecas underpants 145
cuidado: tome cuidado! be careful!
cuidar: cuidar de see to 25
culto service 105
curso de línguas language course
curto short 147, 148
custar cost 84

D **dados** (*jogo*) dice
dança/dançar dance 111; **~ contemporânea** contemporary dance 111
danificado damaged 71
dar a partida (*no carro*) start 88
dar give 18; **~ a** give to

data date; **~ de nascimento** date of birth 23
de segunda mão second hand
de tirar o fôlego breathtaking 101
de… a … from… to… 13, 221
decisão decision 24, 135
declaração da alfândega customs declaration 154
declarar (*mercadorias*) declare 67
decolar take off
dedo finger 166
defeito: está com ~ this is faulty
deficiente físico handicapped 164; disabled 22, 100
deixar (de carro) (*largar*) drop off 83
deixar depósito require a deposit 83
deixar drop off 113
delegacia de polícia police station 93, 96, 131, 161
delicatessen delicatéssen 130
delicioso delicious 14
demais too 41, 93; too much 15; **depressa ~** too quickly 17
dentadura denture 168
dente tooth 168
dentista dentist 131, 163, 168
dentro in 37
depilação a cera waxing 148
depois after 95; then 13
depósito deposit 24, 83
depressa fast 17; quickly 17
desagradável unpleasant 14
desaparecer/desaparecido go/gone missing 161
descanso central kick stand 82

descer (*do ônibus/do trem*) get off 79
descongelar defrost
descontar (*cheques*) cash 138
desconto discount 24; reduction 74, 100
desculpas apologies 10
desculpe! sorry! 10, 224
desculpe-me! excuse me! 10, 18, 94, 224
desfiladeiro, passo (*na montanha*) mountain pass 107
desligar turn off 25
deslocar move 92
desmaiar faint 164
despertador alarm clock 150
destino destination
detalhado itemized 32
detalhes details
detergente detergent
detergente líquido washing up liquid 149
devagar slowly 11, 17, 94; **mais ~** more slowly 128
dever: quanto lhe devo? how much do I owe?
dez ten 216
dezembro December 218
dezenove nineteen 216
dezesseis sixteen 216
dezessete seventeen 216
dezoito eighteen 216
dia day 23, 97, 122; **em... dias** in… days 13; **todo ~** every day 13
diabete diabetes
diabético diabetic 39, 164

diamante diamond 150
diante de in front of 12, 148
diariamente daily 13
diarréia diarrhoea 142, 164
dicionário dictionary 151
diesel diesel
dieta: estou de dieta I'm on a diet
difícil difficult 14; (*fisicamente*) tough 106
dínamo generator 82
dinheiro money 42, 136, 162
dinheiro trocado small change 138
dinheiro: em ~ by cash 136
direção direction; **na ~ de...** in the direction of... 95
direita right 12, 76, 95
direto direct 75
diretor director
dirigir drive 86
disco record 156;
disponibilidade availability 108
distendido torn 165
distribuidor distributor 91
divertido fun 101
divertir-se to have fun
dividir (*quarto*) share (room)
divorciado divorced 120
dizer say 11; **como se diz...?** how do you say...?
do lado de dentro inside
do lado de fora outside
doce (*sabor*) sweet (taste)
doces sweets 151

documento de identidade identification
documento de registro do veículo vehicle registration document 93
doente ill 164, 224; **estou doente** I'm ill
dois two 15, 216; **duas vezes** twice 76, 217
domingo Sunday 218
dona de casa housewife 121
dono owner
dor: estou sentindo ~ I'm in pain 167; **meu(minha)... está doendo** my... hurts 163; **dói aqui** it hurts here 164; **está dolorido** it's sore; **~ de estômago** stomachache 164; **~ de ouvido** earache 164; **~ de garganta** sore throat 142, 164; **~ de cabeça** headache 164; **~ nas costas** backache 164; **~ de dentes** toothache 168
dores abdominais abdominal pains 167
dormir sleep 167
doze twelve 216
droga! damn! 19
dublado dubbed 110
durante during; **~ a semana** on weekdays 13
durar last, to
duro hard 31, 41
dúzia dozen 217

E

e and
   é claro of course 19
é mesmo? really? 19
echarpe scarf 145
edredom duvet
eixo axle 82
eixo de cames camshaft 91
ele (*o, lhe*) him; **dele** (*seu*) his 16
elevador lift 26, 132
em dias úteis on weekdays 13
em frente straight ahead 95
em geral usually 122
em in 12; **~... dias** in… days 89; **~ ...minutos** in…minutes 13
em torno de around
e-mail e-mail 154
embaixada embassy
embaixador ambassador
embarque boarding 70, 77
embreagem clutch 82, 91
emergência emergency 127
emprestar: pode me emprestar...? could you lend me…?
emprestar: posso pegar emprestado o seu ...? may I borrow your…?
encanador plumber
encanamento drain
encontrar encounter 126; meet 125
encontrar: vou encontrá-lo I'll join you
encontro (*subst.*) appointment 148, 163
endereço address 84, 93, 126, 139
enfermeira nurse
enfim! at last! 19
engarrafamento (*de trânsito*) traffic jam
engenharia engineering 121
enguiçar have a breakdown 88
enguiço (*carro*) breakdown 88; **meu carro enguiçou ~** I've had a breakdown 88
enjôo: estou enjoado seasick: I feel seasick
ensolarado sunny 31
então then 13
entender understand 11, 224
entrada (*da refeição*) appetiser/starter 43;
entrada admission 100, 132
entrega expressa express/special delivery 154
entregar deliver
entupido blocked 25
envelope envelope 151
enviar send 154
enxaqueca migraine
epilético epileptic 164
equipamento equipment 116
equipe team 115
errado wrong 14; **engano ~** wrong number 128
erro mistake 41
escada ladder
escada rolante escalator 132
escadas stairs 132; **~ de emergência** fire escape
escapamento exhaust pipe 82, 90
escocês Scottish
Escócia Scotland
escolher have 125

PORTUGUÊS ➤ INGLÊS

A-Z

escova brush; ~ **de cabelo** hair brush; ~ **de dente** toothbrush
escrever write 11
escritório office
escuro dark 14, 24, 134, 144
esgotado (*mercadoria*) out of stock 135
esguicho windscreen washer 90
esmalte enamel 150
espantoso stunning/amazing 101
especialista (*médico*) specialist 165
espectador spectator 115
espelho mirror
espelho retrovisor mirror 82; **espelho retrovisor externo** wing mirror 90
espeques de barraca tent pegs 31
esperar: espero que... hopefully 19
espere! wait! 98
espetáculo show 112
esponja sponge 149
esporte sport 114, 121
espreguiçadeira deck chair 117
esquerda left 12, 76, 95
esqui skis; ~ **aquático** waterskis 117
esquina: na ~ on the corner 95
está bem okay 10, 19
estação (*ferroviária*) (railway) station 73, 84, 96; ~ **principal** main station 80
estação station; ~ **do metrô** underground station 80, 96
estacionamento car park 26, 87, 96; **estacionamento** parking
estadia stay 32
estádio stadium 96
estanho pewter 150
estátua statue 99
este aqui this one 16
estepe spare wheel 91
estojo para câmera fotográfica camera case 152
estômago stomach 166
estranho strange 101
estranho, esquisito bizarre 101
estreito narrow 14
estudante student 74, 100, 121
estudar studying 121
estupro rape 161
eu te amo I love you;
evento (*cultural*) event 108
exame de sangue specimen of blood 165
exame de urina specimen of urine 165
exame examination; ~ **de fezes** specimen of stools 165
exato right 14
exausto exhausted 106
exceto except
excursão excursion 97, 98; ~ **de um dia** day trip
exemplo: por ~ for example
experimentar try 147; **posso experimentar?** can I try this on? 147
extintor de incêndio fire extinguisher
extrair (*dente*) extract 168
extremamente extremely 17

PORTUGUÊS ➤ INGLÊS

F
faca knife 39, 149
fácil simple 14; gentle 106
falar talk 11; speak 161, 224; ~ **com** speak to 18
faltando missing 162
família family 66, 74, 120
famoso famous
fantástico brilliant 101
fantoches (*espetáculo*) puppets
farmácia chemist 131, 140; ~ **de plantão** all-night chemist 140
farol (*do carro*) headlamp 82, 90
farol (*do carro*) light 83
farol baixo (*carro*) dipped beam 86
farol de neblina fog lamp 90
fator (*protetor solar*) factor 143
fauna e flora wildlife
fax fax 154
faxineira cleaner 28
fazer compras go shopping 124
fazer: ~ **bom tempo** be a nice day 122; ~ **turismo** go sightseeing; ~ **fila** queue 112
febre do feno hay fever 142
febre feverish 164
fechado closed 14, 132
fechadura geral central locking 90
fechar shut/close 100, 132, 140; **a que horas fecha?** when do you shut?
feio ugly 14, 101
feira (*festa*) fairground 113
feliz aniversário! happy birthday! 219
feliz ano novo! happy new year! 219
Feliz Natal! Merry Christmas! 219
felizmente fortunately 19
férias holidays 66
ferido (*adj.*) hurt 92; injured 163; **ele está gravemente ~** he's seriously injured 92
ferido (*subst.*) injured 92
ferimento injury 92; wound 141
ferrovia railway
fervido boiled
festa party 124
fevereiro February 218
ficar stay 23, 123
ficha form 23, 139
ficha do plano de saúde insurance form 168
fígado liver 166
filha daughter 120, 163
filho son 120, 163
filme film 108; **filme plástico** (*para embrulhar alimentos*) cling film 149
filme film 152
filtro filter 152; ~ **de ar** air filter 91; ~ **de óleo** oil filter 91
fim de semana weekend 218
fino thin 14
fio dental dental floss
flash (*eletrônico*) (electronic) flash 152
flor flower 106
floresta forest 107
florista florist 130

A-Z

fogão cooker 28, 29
fogareiro primus stove 31
fogo fire; **fogo!** fire! 224
folheto brochure
fome: estou com ~ I'm hungry
fonte fountain 99
fora de moda old-fashioned 14
formulário form 162
forno oven; **~ de microondas** microwave oven 158
forte strong
fósforos matches 31, 151
fotografia photo 152; **~ 4 ? 5** passport size photo 116; **tirar ~** photo, to take a photo
fotógrafo photographer
fralda (*para bebê*) nappy 143
fraldário (*para trocar o bebê*) changing facilities 113
freio brake 83; **~ de mão** handbrake 91
frente: em ~ de opposite 12, 95
fresco fresh 41
frigideira frying pan 29
frio cold 14, 41, 122
fronha pillow case
fruta fruit 48; **frutos do mar** seafood 45
fumar smoke 126
fumo tobacco 151; **~ de cachimbo** pipe tobacco
funcionar work 25
furado puncture 83
furo puncture 88
furúnculo boil 141
futebol football 115

G galeria de arte art gallery 99
galês (*do País de Gales*) Welsh
garantia guarantee 135
garfo fork 39, 149
garganta throat 166
garrafa bottle 37, 40, 159; **~ de vinho** bottle of wine 155; **~ térmica** thermos flask
garrafa d'água water bottle 82
gás: ~ de cozinha gas; **estou sentindo cheiro de ~!** I smell gas! **com ~** fizzy 51
gasolina fuel 87; **~ sem chumbo** unleaded petrol
gastar spend
geada: está geando it is frosty 122
geladeira fridge 29
geladeira de isopor coolbox
geléia jam 43
gelo ice 38
gelo: está gelado (it is) icy 122
gente people 119
gentil kind
gerente manager 41
glande gland 166
gorjeta gratuity
gostar like 101, 135; enjoy 110; **gosto** I like it 101; **não gosto** I don't like it
gostar like 125; **gostaria** I'd like; **gosta de...?** do you like …? 125
Grã-Bretanha Great Britain (GB)
grama grass
gramado lawn
gramas grams 159

grande big 14
grande large 40
gratuito free 17
graus (*temperatura*) degrees
grave serious
grávida (de ... meses) (... months) pregnant 164
graxa (*para sapatos*) shoe polish
grego Greek 35
grelhado grilled
grosso thick 14
grupo group 66, 100, 156; **~ sangüíneo** blood group
guardanapo napkin 39; **~ de papel** paper napkin 149
guarda-sol sun umbrella 117
guarda-volume left-luggage office 71; baggage check 73; **~ automático** luggage lockers 71, 73
guia guide 98, 100; **áudio-guia** (*em museus*) audio guide 100; **~ dos espetáculos em cartaz** entertainment guide; **~ de lembranças** souvenir guide 155
guichê de passagens ticket office 73
guichê de reservas reservations desk 109
guidão handle bars 82
guincho (*de veículos*) breakdown truck 88
guitarra elétrica guitar

H **habitualmente** usually 122
hall de entrada foyer
hematoma bruise 141

hemorróidas haemorrhoids
hipermercado hypermarket
hipermetrope long-sighted 167
hipódromo racecourse 115
hoje today 89, 124, 163, 218
homem man
homossexual homosexual
hora hour 13, 97; o'clock 13; **a que horas?** what time? 76, 98; when?13; **na ~** on time 76; **na ~ cheia** on the hour 76; **~ do *rush*** rush hour; **por ~** per hour 154
horário (*dos trens*) timetable 75
horário: ~ de abertura opening hours 100; **~ comercial** business hours 132; **~ da consulta** surgery hours 163; **~ de visita** visiting hours
horrível revolting 14; awful 122
hortaliças vegetables 38
hospedar: pode me hospedar esta noite? can you put me up for the night?
hospital hospital 131, 165, 167
hotel hotel 12, 20, 21, 84, 123

I **iate** yacht
ida e volta return 74, 79, 81
idade: que ~ ...? how old ...?
idosos senior citizens 74
ignição ignition 82, 90
igreja church 96, 99, 105
igualmente equally 17
ilegal illegal

PORTUGUÊS ➤ INGLÊS

Ilhas Anglo-Normandas Channel Islands
Ilhas Shetland Shetland Islands
imediatamente immediately 13
imposto (sobre valor agregado) VAT (value added tax) 24
inchaço swelling 141
inchado swollen
incluído/incluso included 23, 42
incluir: o preço inclui...? does the price include...? 24
incomodar mind 77, 126
indicar direct 18
indigestão indigestion
infecção infection; **~ vaginal** vaginal infection 167
infelizmente unfortunately 19
inferior lower 74
informações information 70, 97; **serviço de ~** *(auxílio à lista telefônica)* Directory Inquiries 127
infração de trânsito traffic offence
Inglaterra England
inglês English
ingresso ticket 109
injeção injection 168
inocente innocent
inseto insect 25
insistir: eu insisto I insist
insolação sunstroke 164
insônia insomnia
instalações amenities 22
instruções instructions 135
instrutor instructor

insulina insulin
inteiramente entirely
inteiro *(sem mastigar)* whole 140
interessante interesting 97, 101
internet internet 154
intérprete interpreter 93 162
interruptor on/off switch
intestino bowel
inverno winter 219
iodo iodine
iogurte yoghurt
ir go 18; *(de carro)* head 83; **~ dançar** go dancing 124; **ida e volta** return 68; **vamos!** go: let's go!; **vá embora!** go away; **como faço para ~ a...?** how do I get to ...? 94
Irlanda Ireland; **República da Irlanda** Eire; **Irlanda do Norte** Northern Ireland
irlandês Irish
irmã sister 120
irmão brother 120
irregular *(terreno)* uneven 31
isolante térmico *(acampamento)* groundsheet 31
isqueiro lighter 151
isso é it is 14; **isso é...?** is it ...? 17
italiano Italian 35

J
janeiro January 218
janela window 25, 77
jantar dinner 34; have dinner 124
jaqueta jacket 145
jardim garden; **~ botânico** botanical garden 99
jardim zoológico zoo 113

jarra carafe 37
jet ski jet-ski 117
joalheria jeweller 130, 150
joelho knee 166
jogar: eu jogo I play 121
jogo game 156; **peças para ~ de xadrez** chess set 156
jornal newspaper 151
jornalista journalist
jovem young 14
judeu Jewish
julho July 218
junho June 218

L **lá** there 12; over there 76
lã wool 146
lá: ~ está there it is 17
lábio lip 166
lado: lado a lado adjoining 22; **ao ~ de** next to 95
ladrão thief; **pega ~!** stop thief! 224
lago lake 107
lagoa pond 107
lâminas de barbear razor blades 143
lâmpada (*elétrica*) (light) bulb 82, 149
lanchonete snack bar 73
lanterna (*de bolso*) torch 31
lanterna traseira rear light 82
laquê hair spray 143
laranja orange 144
largo loose 147; wide 14
lata can; **~ de coca-cola** can of cola 159; **~ de conservas** tinned food 157
latas de lixo dustbins 30
lavagem a seco dry cleaner 131; dryclean
lavagem de roupas laundry service 22
laxativo laxative
legendas (*num filme*) subtitle 110
legging leggings 145
legumes e verduras vegetables 38
leite milk 43, 51, 160; **com ~** with milk 40
leito berth 77
lembranças souvenirs 98
lembrar: não me lembro I don't remember
lenço handkerchief; **~ de papel** tissue 143
lençóis sheets pl 28
lenços umedecidos para bebês baby wipes 143
lenha firewood
lente (*de contato*) (contact) lens 167
lente lens 167
lento slow 14
ler reading 121
leste east 95
levar take 135
levar take to 84
levar embora take away 40
leve light 14, 134
licor liqueur
ligar turn on 25
ligar a cobrar reverse the

PORTUGUÊS ➤ INGLÊS

A-Z

charges 127
limão lemon 38
limite de velocidade speed limit
limpador de cachimbo pipe cleaners
limpador de pára-brisa windscreen wipers 90
limpar clean 137
limpeza cleaning 137
limpo clean 14, 41
limusine limousine
língua tongue 166
linha line 78, 80
linho linen 146
liso (*sem estampa*) plain (not patterned)
lista telefônica directory
litro litre 87, 159
livraria bookshop 130
livre free 14, 124
livro book 151
locação de automóveis car hire 70, 86
local spot 31
localização location 95
loção lotion; ~ **pós-barba** after shave 143; ~ **pós-sol** aftersun lotion 143
logo soon 13
loja shop 130; ~ **de artesanato** craft shop; ~ **de material fotográfico** camera shop 131; ~ **de roupas** clothes shop 131
loja de departamentos department store 130
longe far 95, 130; **fica ~?** how far? 95
lotado full 21; full up 36; booked up 116
louça crockery 29, 149
lua-de-mel honeymoon; **estamos em ~** we're on honeymoon
lugar place 29; (*no teatro/cinema*) seat 77, 108
luva glove; ~ **de banho** flannel
luxado dislocated 165
luz (*do semáforo*) light 83
luz de aviso pilot light
luz de freio brake light 90
luz de ré reversing light 91
luz light 25

M

maceta mallet 31
maço de cigarros a packet of cigarettes 151
madeira wood
mãe mother 120
maestro conductor 111
maio May 218
mais devagar! slow down! brake!
mais more; ~ **que** more than 15
mais: por quanto tempo ~? how much longer? 41
maître headwaiter 41
mala case 69; **fazer as malas** pack
mal-educado rude
mal-entendido: houve um ~ there's been a misunderstanding
mamadeira baby's bottle
manga (*da roupa*) sleeve 145, 165

mangueira do radiador radiator hose 91
manhã morning; **de ~** in the morning 140; **da ~** a.m.
manicure manicure 148
manteiga butter 38, 43, 160
mão hand 166
mapa map 94, 99, 106, 121; **~ de estradas** road map 151; **~ da cidade** map of the town 151; town plan 96
maquiagem make-up
máquina de lavar washing machine 29
mar the sea 107
maravilhoso brilliant 19
marcar um horário make an appointment 163
março March 13, 218
margem shore
marido husband 163
marrom brown 144
martelo hammer 31
matinê (*espetáculo*) matinee 109
mau bad 14, 126
maxilar jaw 166
mecânico mechanic 88
médico doctor 92, 131, 163
medidas measurement
medidor gauge; **~ de óleo** oil gauge 91; **~ de combustível** fuel gauge 91
médio medium 106, 122; **porção média** medium portion 40
meia-calça tights 145
meia-noite midnight 13
meias (*soquetes ou masculinas*) socks 145
meias finas (*femininas*) stocking 145
meio quilo half a kilo 159
meio(a): ~ hora half an hour 217, 221; **~ dúzia** half a dozen 159; **~ pensão** half board 24
meio-dia midday/noon
mel honey 43
melhor best; better 14
menina girl 120, 156
menino boy 120, 156
menos que (isso) less than (that) 15
mensagem message 154
menstruação periods 167
mercado market 99, 131
mercearia grocer 130
mergulhar dive 117
mergulho: roupa de ~ wetsuit
mês month 218
mesa table 112; **~ dobrável** folding table
mesmo: o/a mesmo(a) the same 144
mesquita mosque 105
metade half 217
metal metal
metrô underground/tube 80
meu mine 16; **é a minha vez** it's my turn 133
meu/minha my 16
meus mine
mil thousand 217
milhão million 217
minha mine

A-Z

PORTUGUÊS ➤ INGLÊS

A-Z

minimercado the minimart 159
minuto minute 221
míope short-sighted 167
mirante viewpoint 107
missa mass 105
mobilete moped 83
mobília furniture
mochila rucksack 31, 146
moderno modern 14
moeda (*de metal*) coin;
moeda currency 67, 138
molho sauce 38
momento: um momentinho, por favor just a moment, please 128
montanha mountain 107
morar live 119
mordido: fui mordido por um cão I've been bitten by a dog
morro hill 107
mosca (*inseto*) fly (insect)
mostarda mustard 38
mosteiro monastery 99
mostrar show 94, 99, 133
motocicleta motorbike 83
motor engine
motor de arranque starter motor 91
motorista driver
muçulmano Moslem
mudar change 39, 68, 75, 79, 138
muito a lot 15; **~ mais** a lot more; very 17; **~ bem** fine 19
muletas crutches
mulher wife 120, 163
multa fine 93
músculo muscle 166
museu museum 99
música music 111
músico musician
musse para cabelo hair mousse 143

N

na direção de towards 12
nacional national
nacionalidade nationality
nada mal not bad 19
nada/nenhum(a) nothing/none 15, 16
nada/nenhum(a) nothing/none 16; **mais ~** nothing else 15
nadar swim 117
namorado/namorada boyfriend/girlfriend 120
não no 10
não perturbe don't disturb
não por isso don't mention it 10
não-fumante non-smoking 36
nariz nose 166
nascido born 119; **nasci em** I was born in
natação swimming 115
náusea nausea
nevar snow 122
neve snow 117
nevoeiro: há ~ it is foggy 122
no alto top 148
no exterior abroad
noite evening 112; **à ~** in the evening 140; **esta ~** tonight 124
noite night 24; **passar a ~** stay overnight 23

noivo(a) fiancé(e)
nome first name 23, 93
norte north 95
nosso our 16
nossos ours 16
notinha (*nota de caixa*) receipt 136
nove nine 216
novembro November 218
novo new 14
nublado cloudy 122
número number; **~ telefônico** telephone number 127; **desculpe, foi engano** sorry, wrong number
nunca never 13

o que disse? what did you say? 11, 224
o seu yours 16
objetiva lens 152
obrigado thank you 10, 94, 129, 224; **muito ~** thank you very much 10
obturação filling 168
óculos glasses 167; **~ de proteção** goggles; **~ de sol** sunglasses
ocupado occupied 14
odômetro milometre 90
oeste west 95
oferta especial special offer
oficina (*de conserto de automóveis*) garage 88
oito eight 216
olá! hello/hi! 10, 224
oleosos (*cabelos*) greasy
olhada: só estou dando uma ~ I'm just looking

olhar (*exposições, etc.*) look around 100
olho eye 166
olho-de-gato reflectors 82
ombro shoulder 166
onda wave
onde where 12, 26; **~ fica...?** where is...? 94; **de ~** where from 119; **~ dói?** where does it hurt? 165; **~ está...?** where is...? 99
ônibus (*urbano*) bus 17, 78, 123
ônibus interurbano coach 78
ontem yesterday 218
onze eleven 216
ópera opera 108, 111
operação operation
óptica/oftalmologista optician 167
ordem de pagamento money order
orelha ear 66
original genuine 134
orquestra orchestra/band 111
osso bone 166
ótimo great 19
ou or
ouro gold 150
outono autumn 219
outra coisa something else
outubro October 218
ouvir hear
oval oval 134
ovos eggs 43, 160

PORTUGUÊS ➤ INGLÊS

A-Z

P

pá spade 156
paciente (*no hospital*) patient (in hospital)
pacote packet 159
padaria bakery 130, 157
padre priest
pãezinhos rolls 160
pagamento paying 100
pagar pay 17, 42, 67, 87
pai father 120
painel sign 93, 95, 96
país country (nation)
País de Gales Wales
pais parents 120
palácio palace 99
palavra word 19
palpitações palpitations
panela saucepan 29
pano de pia dish cloth 149
pano de prato decorado tea towel 155
panorama sights
pantufas slippers 146
pão bread 38, 43, 160
papel paper; ~ **alumínio** aluminium foil 149; ~ **higiênico** toilet paper 25, 29, 143
papel timbrado stationer's
par pair 146, 217
para, por for
parabéns! congratulations!
pára-brisa windscreen
pára-choque bumper 90
pára-lama mudguard 82
paralisia paralysis
parar stop 77, 98

parlamento parliament building 99
parque park 96, 99; ~ **temático** theme park
parquímetro parking metre 87
parquinho (*para crianças*) playground 113
partida (*do hotel*) checking out 32; (*do avião*) departure 69
partir leave 32; (*no hotel*) check out; (*transporte*) depart
passagem (*bilhete*) ticket 74, 79, 100, 162; ~ **de trem** train ticket 75; ~ **de avião** air ticket; ~ **para o dia inteiro** day ticket
passagem: ~ **de pedestres** zebra crossing; ~ **subterrânea** underpass 96
passaporte passport 17, 23, 32, 66, 139, 162
passar (*a ferro*) press 137
pássaro bird 106
passe para viajante travel card 79
passear go for a walk 124
passeio guiado guided tour 100
passeio turístico sightseeing tour 97
passeio walk 106; ~ **de barco** boat trip 97
pasta de dente toothpaste 143
pastilha de freio brake pad 82, 91
patins (*de gelo*) skates
pé foot 66; **a** ~ on foot 17, 95
peças sobressalentes parts 89; replacements parts 137

pedaço piece 159
pedal pedal 82, 91
pedido de indenização (*do seguro*) insurance claim
pedir order 37, 135
pegar (*ônibus*) catch, to
peixaria fishmonger 131
peixe fish 44
pele skin 166
pelo menos at least
penhasco cliff 107
pensão guesthouse 20; ~ **completa** full board 24
pensar think about 135
pente comb 143
pequeno small 14, 24
perder loose 27, 28, 162; ~ **os sentidos** be unconscious 92
perdido lost 71, 224; **perdi...** I've lost … 94
pergunta question
perigoso dangerous
permanente (*no cabelo*) permed 148
perna leg
pérola pearl 150
persiana blind 25
pertencer belong
perto (de) near 12, 92 95
perto near 92; **o/a mais ~** the nearest 130
pesado heavy 14, 134
pesar: eu peso... I weigh…
pescar: ir ~ to go fishing
pescoço neck 166
pia sink 25

piada joke
picada de inseto insect bite 141, 142; ~ **de mosquito** mosquito bite
pico peak 107
pijama pyjamas
pilha battery 137, 150, 152
pílula pill 167; (*anticoncepcional*) (the) Pill
pimenta pepper 38
pinça (*para sobrancelha*) tweezers
pincel (*de barba*) shaving brush
pingar drip 25
pintar paint
pintor painter
pior worse 14; **(o/a) pior** worst
piquenique picnic
pisca-alerta warning light 90
piscina infantil paddling pool 113
piscina swimming pool 22, 26, 117; ~ **coberta** indoor swimming pool 117; ~ **ao ar livre** open air swimming pool 117; ~ **para crianças** children's pool 117
placa (*indicativa de direção*) signpost
placa de licenciamento licence plate 90
placa do carro car registration number 23, 93
plano: mais plano more level 31
planta plant
plataforma platform 73, 76
platina platinum 150
pneu tyre 83
poder (*verbo*) can 18n 18

A-Z

polegar thumb 166
polícia police 92, 161
pontada a sting 141
ponte bridge 95, 107
ponto de encontro meeting point 12
ponto de ônibus bus stop 65, 79, 96
ponto de táxi taxi rank 96
por favor please 10, 224
pôr put; **onde posso ~ …?** where can I put …?
por quanto tempo? how long 123
por quê? why? 15; **por que não?** why not? 15
por volta de around 13; about 15
por: ~ **dia** per day 30, 83; ~ **noite** per night 21; ~ **semana** per week 30, 83
porão basement
porção portion 40; ~ **para crianças** children's portion 39
porque because 15
porta door 25
porta-corrente chain guard 82
porta-malas boot 90
porto harbour
posologia dosage instructions 140
possível: o mais cedo ~ as soon as possible
posso/podemos …? can you…? 18
posta-restante poste restante 153
posto de gasolina petrol station 87
posto de informações turísticas information office 96; tourist information 97

pouco: um ~ a little 15
praça square 95
praia beach 116; ~ **de seixos** pebbly beach 117; ~ **de areia** sandy beach 117
prancha de surfe surfboard 117
prata silver 150
prato (*culinária*) course (meal) 43; **pratos de carne** meat dishes 46
prato plate 39, 149
pratos de carne meat dishes 46
pratos típicos local dishes 37
prazer em conhecê-lo pleased to meet you 118
precisar need to 18; **eu preciso** I must
precisar: preciso I need
preço price 24, 74
prédio building
preencher fill in 139
prefeitura town hall 99
preferencial right of way 93
preferido favourite
pregadores/prendedores de roupa clothes pegs 149
presente gift 67
preservativos (*camisinha*) condoms 142
pressa: ter ~ be in a hurry 15; **estou com ~** I'm in a hurry
pressão sangüínea blood pressure 165
preto black 40, 144; ~ **e branco** (*filme*) black and white 152
previsão do tempo weather forecast 122

PORTUGUÊS ➤ INGLÊS

primavera spring 219
primeiro first 75, 217; **primeira classe** first class 74
primo cousin
prisão de ventre constipation
prisão prison
problema problem 28
procurar look for 18, 133
produtos para a pele facial products 148
produtos: ~ de beleza cosmetics; **~ de limpeza** cleaning products 149; **~ de toalete** toiletries 157; **~ congelados** frozen foods 158
professor teacher
profissão: qual a sua ~? what do you do?
profundo deep
pronto ready 17, 89
pronunciar pronounce
protestante Protestant 105
provavelmente probably 19
próxima next 75, 218
pulga flea
pulmão lung
pulseira bracelet 150

Q **quadrado** square 134
quadro (*pintura*) painting
quadro frame 82
qual? which one? 16
quando when 13
quantia amount 42
quantidade allowances 67
quanto(s) how many 15; **~ é?** how much is that? 15, 84, 129, 136

quarta-feira Wednesday 218
quarto (?) quarter 217; **~ de hora** quarter of an hour 221
quarto (4º) fourth 217
quarto room 21, 24, 25, 27; bedroom 29; **~ de solteiro** single room 21; **~ com café da manhã** bed and breakfast 20; **~ de casal** double room 21
quase almost
quatorze fourteen 216
quatro four 15, 216
quebrado broken 25, 137, 165
quebrado broken down 28
queijo cheese 43, 48, 160
queimadura burn 141
queimadura de sol sunburn 142
quem? who? 16; **de ~?** whose? 16
quente (*pelando*) hot
quente warm 14; hot 122; **mais ~** warmer 24
querer dizer mean 11
querer: eu queria I'd like 18, 129, 159
querosene paraffin 31
quilo kilo 159
quilometragem mileage 86
quinta-feira Thursday 218
quinto fifth 217
quinze fifteen 216
quinzena fortnight
quitanda (*onde se vendem hortaliças*) greengrocer 131

PORTUGUÊS ➤ INGLÊS

A-Z

R **rainha** queen; **a Rainha** the Queen
raios spokes 82
ramal extension 128
rapidamente quickly 17
rápido quick 14
raquete racket 116
raro (*incomum*) rare (unusual)
recado message 27
receita prescription 140
recepção reception (desk) 26
recepcionista receptionist
recibo receipt 32, 42, 89
reclamações complaints 41
recomendar recommend 21, 35, 37, 97, 108, 112, 142
recusar decline 125
redondo round 134
refeições meals 23, 24, 42, 125; **~ para vegetarianos** vegetarian meals 39; **~ para diabéticos** meals for diabetics 39
refrigerante soft drink 110, 160
região region 106
registrar (*por escrito*) write down
registrar report 161
registrar-se (*num hotel*) check in 69
registro de água stop cock 28
Reino Unido United Kingdom (UK)
religião religion
relógio de luz electricity metre 28
relógio de parede clock 150
relógio de pulso watch 150, 162

remédios medicines 165
renda lace 146
repetir repeat 11, 94, 128
repolho cabbage 47
representante de vendas sales rep
reservar reserve 28, 36, 81, 98, 109
reservas booking 21
resfriado a cold 142, 164
resort holiday resort
respirar breathe 92, 165
ressaca hangover 142
reumatismo rheumatism
rever see again 126
revista magazine 151
riacho stream 107
rim kidney 166
rímel mascara
ringue de patinação skating rink
rio river 107
rir laugh 126
roda wheel; **~ dianteira/traseira** front/back wheel 82
rodoviária coach station 78
rolinhos/bobes (*para enrolar o cabelo*) curlers
romântico romantic 101
rosa pink 144
rosto face 166
rotatória roundabout
rótulo label
roubado stolen 162
roubo robbery 71; theft 162
roupa de banho swimsuit 145
roupas clothing 144
roxo purple 144
rua principal high street 96
ruas comerciais shopping area 99

S sábado Saturday 218
saber know 15
saber: eu sei I know 15
sabonete soap 27, 143
saca-rolhas corkscrew 149
saco bag; **~ de dormir** sleeping bag 31; **~ plástico** plastic bags; **~ de lixo** refuse bags 149; **~ para enjôo** sick bag 70
saguão de espera para embarque muster station 81
saia skirt 145
saída exit 83, 132; **~ de emergência** emergency exit 132
sair go out
sal salt 38, 39
sala room; **~ de jantar** dining room 26, 29; **~ de espera** waiting room 73; **~ de concertos** concert hall 111; **~ de embarque** departure lounge; **~ de jogos** play room; **~ de estar** living room 29; **~ de visitas** living room 29
salada salad 38
salgadinhos snacks
salgado salty
salsicha sausage 46, 160
salva-vidas lifeguard 117
sandálias sandals 146
sanduíche sandwich 40
sangrar bleed 163
sapataria shoe shop
sapatos shoes 116, 146; **~ para caminhada** walking boots 146
sapóleo washing powder 149
saudações greetings 10

saúde e beleza health and beauty 148
saúde! cheers!
secretária secretary
seda silk
sedativo sedative
sede: estou com ~ I'm thirsty
segunda mão second-hand
segunda-feira Monday 218
segundo second 217
segurança safety 65, 139; **não me sinto em ~** I don't feel safe 65
seguro insurance 86, 162; **~ de responsabilidade civil** third party insurance; **~ total** full insurance 86; **seguradora** insurance company 93
seio breast 166
seis six 216
selim saddle 82
selo stamp 151, 153
sem without
sem álcool non-alcoholic
sem gás still 51
sem gasolina out of petrol 88;
sem querer: foi ~! it was an accident 10
semana week 13, 23, 24, 97, 218
sempre always 13
sentar: 36, 77, 126; **sente-se, por favor** sit down, please; **podemos nos sentar?** could we sit down? 36
sentir-se feel like 165
separadamente separately 42
separado separated 120
ser: sou I am

A-Z

serra *(cadeia de montanhas)* mountain range 107
serviço de despertador wake-up call
serviço service 42, 133; **~ de quarto** *(hotel)* room service 26; **~ de limpeza completa** valet service
seta *(do carro)* indicators 82, 90
seta: usar a ~ indicate
sete seven 216
setembro September 21
seu *(seu)* your 16
seus* *(seus)* your 16
sexta-feira Friday 13, 218
silencioso quiet 14; *(no carro)* silencer 91
sim yes 10
sinagoga synagogue 105
sintético synthetic 146
sintomas symptoms 164
smoking dinner jacket
só de ida single 68, 74, 79
sob under
soberbo superb 101
sobremesa dessert 48
sobrinha niece
sobrinho nephew
sócio *(de um clube)* member 112
socorro! help! 224
sola *(dos sapatos)* sole (shoes)
soletrar spell 11
solista soloist 111
solteiro single 120
sombreado shady 31
sonífero sleeping pill

sopa soup 44
soropositivo *(HIV)* HIV-positive
sorvete ice cream 40, 160; **~ de chocolate** choc-ice 110
sozinho alone 120
sua *(dele)* his 16
suco juice; **~ de laranja** orange juice 43; **~ de fruta** fruit juice 51
sugerir suggest 123
sujo dirty 14
sul south 95
superaquecer overheat
superior upper 74
supermercado supermarket 131, 157
supervisionar supervise 113
suplementar extra 22
suplementos supplements 68
supositórios suppositories 166
surdo deaf 164
sutiã bra 145
suvenires souvenirs 98

T

tabacaria tobacconist 131
taco *(de golfe)* club 116
talão de cheques cheque book
talco talcum powder
talher cutlery 29, 149
talvez perhaps 19
tamanho size 116; 147
também also
tampa do reservatório *(de combustível)* petrol cap 90
tanque de combustível fuel tank 82

tapete carpet
tarde late 14; **mais ~** later 125
tarifa charge 30
taxa: ~ de câmbio exchange rate 138; **~ de pólen** pollen count 122
táxi taxi 32, 84
teatro lírico opera house 99
teatro theatre 96, 99, 110
tecido fabric 146
telefonar give a call 127
telefonar telephone 161; call 92
telefone telephone 22, 27, 92; **~ público** payphone
telefonema telephone call 32
televisão television 22; **~ a cabo** cable TV
Tem...? is there ...? 17
temperatura temperature 165
tempero seasoning 38
tempo: (*clima*) weather 15, 122; **~ livre** free time 98
temporário temporary 89
tênis (*calçado*) trainers 146; sneakers
ter have 18; **você** have you got ...? 129
terça-feira Tuesday 218
terceiro third 217
termômetro thermometer
terno suit 145
térreo ground floor 132
terrível terrible 101
tesoura scissors 149
testemunha witness 93
teto roof; **~ solar** sunroof 90

tia aunt 120
tio uncle 120
tipo: de que ~? what kind of?
tirar (*dinheiro*) withdraw 139
tirar fotografias take photographs 98, 100
toalete toilet 25, 26, 29, 39, 96, 224
toalha de banho bath towel 27
tocador de CD CD-player
toda hora every hour 76
todo every 13; **~ dia** every day
todos all; **~ os dias** daily
toldo blind 25
tom (*cor*) shade 144
tomada (*macho*) plug 149; **~ de parede** socket
tomada elétrica power point 30
tomar take 140
tórax chest 166
torcicolo stiff neck
torcido sprained 165
torneira tap 25
torrada toast 43
torradeira toaster
tosse cough 142
tossir cough 165
totalmente totally 17
tradução translation
tradutor translator
traduzir translate 11
tráfego traffic 15
traje: ~ a rigor formal dress 111; **~ informal** informal (dress)
tranca lock 25

A-Z

trânsito: em ~ passing through 66
traumatismo craniano: ele sofreu um ~ he has concussion
trava nas rodas (*em caso de estacionamento proibido*) wheel clamp 87
trava/tranca lock 82
travesseiro pillow 27
trazer bring 125
trêiler caravan 30, 81
trem train 13, 72, 123
três three 15, 216; **~ vezes** three times 217
treze thirteen 216
triângulo triangle
trocado change 87
trocar change 137
troco change 84
troco: fique com o troco! keep the change!
trovejando thundery 122
túnel tunnel
turco Turkish 35
turista tourist

U

úlcera ulcer
último last 75, 218
um one 15, 216
umidade/úmido damp
unidade unit 154
uniforme uniform
universidade university 99
urso (*de pelúcia*) teddy bear 156
urticária rash 141
usar use 127

útil useful 19
uvas grapes 160

V

vacinado vaccinated 165
vagão coach 75; **~-leito** sleeping car 74; **~-restaurante** dining car 75, 77
vale (*entre montanhas*) valley 107
válido valid 136
valor value 154; **de muito ~** valuable
válvula valve 90
vara de pescar fishing rod
varanda balcony 29
vasilhames de cerâmica pottery
vazio empty 14
vegetariano vegetarian 35, 39
veia vein 166
vela candle 149
velas (*do carro*) spark plugs
veleiro sailing boat
velho old 14
velocímetro speedometre
vendas sales 121
vendedor shop assistant
veneno poison
venenoso poisonous
ventar: está ventando it is windy 122
ventilador fan 91
ver see 18, 98
verão summer 13, 219
verdade: é ~ that's true; **não é ~** that's not true
verdadeiro real 150
verde green 144
verificar: poderia ~ please check

PORTUGUÊS ➤ INGLÊS

vermelho red 144
versão original in the original language 110
vertigens: sentir ~ feel dizzy
vespa wasp
vestiário cloak room 109
vestido dress 145
vez: em ~ de instead of
vez: uma ~ once 13; **primeira ~** first visit 119
via aérea by air mail 154
viagem journey 76; trip 123; **~ de negócios** business trip 123; **~ de barco** boat trip 81
viajar travel
videogame video game
vidraça window 90
vidro (*de geléia*) jar (of jam) 159
vinhedo vineyard 107
vinho wine 49, 160; **~ branco** white wine 40; **~ tinto** red wine 40
vinte twenty 216
violão guitar
virar turn 95
viseira visor 82
visitar visit 123
vista sights
vista: com ~ para o mar with a view of the sea
visto (*passaporte*) visa
vitrine window/display cabinet 150
viver junto live together 120
você deve estar brincando! you must be joking! 19
você you; **seu** yours 16
você/o senhor poderia ...? could you ...? 11

volante steering wheel 90
voltagem voltage
voltar (*de carro*) go back 95
voltar get back 98
voltar go home 65; **~ a pé** walk home 65
vomitar vomit 164; **vou vomitar** I'm going to be sick
vôo flight; **~ charter** charter flight; **~ livre** hang-gliding; **~ normal** scheduled flight

X Y Z

xadrez (*jogo*) chess 121
xampu shampoo 143; **~ escova** shampoo and set 148
xícara cup 39, 149
zero zero 216

PORTUGUÊS ➤ INGLÊS

A-Z Glossário inglês-português

Este glossário cobre todos os casos em que você talvez precise decifrar o inglês escrito: hotéis, prédios públicos, restaurantes, lojas, bilheterias e meios de transporte. Vai ajudá-lo também a entender os formulários, mapas, rótulos de produtos, placas nas estradas e instruções de uso (em telefones, parquímetros etc.)

Se não encontrar a expressão exata, pode ser que encontre as palavras mais importantes ou os termos separados.

A

A-road estrada nacional
a.m. pela manhã
abseiling descida em rapel
access (to residents) acesso apenas aos moradores
accommodation acomodações (locação)
according to season de acordo com a temporada
admission free entrada gratuita
advance bookings reservas antecipadas
after sun lotion loção pós-sol
air conditioned ar-condicionado
air pump bomba de ar (*para encher os pneus*)
air stewardess aeromoça
airport aeroporto
aisle seat lugar no corredor
alternative route rota alternativa
amp: 5 amp cinco ampères
amusement park parque de diversões
angling pesca de anzol
antique shop antiquário
apartment building prédio de apartamentos
April abril
arrivals chegadas
ask at reception dirija-se à recepção
ask for a receipt exija o recibo
at least pelo menos
August agosto
automatic doors porta automática
autumn outono

B

B-road estrada estadual
baby wear roupa para bebês
back stairs escada de serviço
baggage check guarda-volumes
baggage claim retirada de bagagem
baker padaria
bank banco
bank charges taxas bancárias
Bank Holiday feriado bancário
barber barbeiro
bargains pechinchas
bathing hut cabine de banho
bathing caps must be worn touca de banho obrigatória
bathroom banheiro
baths banho público
battle site campo de batalha
bay baía
beauty care tratamento de beleza
bed & breakfast quarto e café da manhã
beer cerveja

INGLÊS ➤ *PORTUGUÊS*

before... antes de...
before meals antes das refeições
begins at... começa às...
best before date data de validade
best before end... consumir antes de...
best served chilled servir frio
between... and... entre... e...
beware of the dog cuidado com o cachorro
bishop bispo
blackspot gargalos de trânsito
block of flats condomínio de apartamentos
blood group grupo sangüíneo
boarding card cartão de embarque
boarding now embarque em andamento
booklet (of tickets) carnê (*de entradas*)
bookshop livraria
borough distrito
bottle bank porta-garrafas
bowls boliche ao ar livre
box office bilheteria
bread pão
break glass in case of emergency quebre o vidro em caso de emergência
breakdown services serviço de socorro ao motorista (guincho, conserto de automóveis etc.)
breakfast café da manhã
breakfast room sala de café da manhã
bridge ponte
brother irmão
bungalow casa de veraneio
bungee-jumping salto com elástico
bus lane faixa exclusiva para ônibus
bus route linha de ônibus
bus shelter ponto de ônibus com abrigo
bus stop ponto de ônibus
business district bairro comercial
business hours horário comercial
butcher açougue

buy 2 get 1 free compre 2 e leve 3
bypass anel viário perimetral

A-Z

C **cabin decks** convés das cabines
cancelled anulado
capsules cápsulas
car deck convés dos veículos
car registration number número da placa do carro
car rental locação de automóveis
caravan trêiler
caretaker zelador/responsável
cash em dinheiro
cash machine caixa automático
cashiers caixas (*para pagamento*)
cashpoint caixas eletrônicos
castle castelo
caution cuidado
cave caverna
cemetery cemitério
change at... trocar em...
check in check-in
check-in counter balcão de registro
checkout caixa (*para pagamento em supermercados*)
cheese queijo
chemist farmácia
children crianças
Christmas Natal
church igreja
city wall muralha
clearance liquidação
cliff penhasco
close the door feche a porta
closed fechado
closed for refurbishment fechado para reformas
closed for annual holiday fechado para férias coletivas
closed to traffic circulation proibida a passagem

A-Z

closing down sale liquidação para mudança de ramo
coach ônibus interurbano
coast costa/litoral
cobbler sapateiro
coin moeda
cold frio
reverse-charge call chamada a cobrar
colourfast não desbota
comics revista em quadrinhos
commencing... a partir de...
computers computadores
confectioner confeiteiro
conference room sala de reuniões
connection baldeação
conservation area área de preservação
consult your doctor before use consulte o seu médico antes de usar
consulting room consultórios
contains no... não contém...
contest concurso
continuous performance cinema 24 horas
convention hall salão de convenções
cook from frozen cozinhar sem descongelar
cooking recommendations instruções de preparo
courthouse fórum
crash helmet capacete
crash helmets obligatory capacete obrigatório
cross-country skiing esqui *cross-country*
crossing cruzamento
cruises cruzeiros
bought at... comprado a, por...
currency exchange câmbio (*troca de moeda estrangeira*)
sold at... vendido a, por...
curtain up subir o pano

customer information informações aos clientes
customer parking estacionamento de clientes
customer service serviço aos clientes
customs alfândega
customs control controle alfandegário
cycle lane/path ciclovia

D dairy leiteria/laticínios
dairy products laticínios
danger perigo
date of birth data de nascimento
day off dia de folga
dead slow lentíssimo
dead-end sem saída
deck chair espreguiçadeira
deep end piscina esportiva
delayed atrasado
delicatessen delicatéssen
deliveries only apenas para entrega
department departamento
department store loja de departamentos
deposits and withdrawals depósitos e saques
dial discar
dial number disque (tecle) o número
dial your PIN code disque (tecle) a sua senha
dial... for an outside line disque (tecle)... para obter uma linha externa
dial... for reception disque (tecle)... para falar com a recepção
diesel diesel
diet regime, dieta
dining room sala de jantar
direct line linha direta
directions instruções
directory lista telefônica
disconnected desligado, desconectado
discount desconto

INGLÊS ➤ PORTUGUÊS

discount store loja de ofertas
dish of the day prato do dia
dishwasher-proof lavável em lava-louças
dissolve in water dissolver em água
diversion desvio
diving board trampolim
DIY store loja de ferragens
do not block entrance não bloqueie a entrada
do not burn não queimar
do not disturb não perturbe
do not expose to sunlight não exponha ao sol
do not iron não passar a ferro
do not lean out of windows não se incline para fora da janela
do not leave baggage unattended fique sempre atento à sua bagagem
do not leave valuables in your car não deixe objetos de valor dentro do carro
do not talk to the driver não fale com o motorista
doctor médico
doctor's/dentist's surgery consultório médico/dentário
don't forget to... não se esqueça de...
donations doações
doors close... minutes after performance begins as portas se fecham... minutos depois do início do espetáculo
dosage posologia, dosagem
downstairs no andar de baixo
drawbridge ponte levadiça
dress circle balcão nobre (*num teatro*)
drinking water água potável
drinks bebidas
drive carefully dirija com cuidado
drive on the left mantenha a esquerda
driver motorista
driving licence carteira de motorista
drops gotas

dry spin secagem por centrifugação
dry-cleaner's lavagem a seco
dual carriageway estrada de quatro pistas
dubbed dublado
during services durante a missa/o culto
duty-free goods mercadorias sem imposto (*duty-free*)
duty-free shop *free shop*

E

e.g. p.ex.
east(ern) oriental, (do) leste
Easter Páscoa
Easter Monday Segunda-feira depois da Páscoa
Easter Sunday Domingo de Páscoa
easy-cook fácil de preparar
electrical goods eletrodomésticos
electricity meter relógio de luz
elevator elevador
embassy embaixada
emergency emergência
emergency brake freio de mão
emergency exit saída de emergência
emergency medical service serviço médico de urgência
emergency number telefone de emergência
emergency services serviço de emergência
end of hard shoulder fim do acostamento
end of no parking zone fim do estacionamento proibido
end of roadworks fim das obras na estrada
enter to the rear/front entrar por trás/pela frente
entrance entrada
estate agent's imobiliária

INGLÊS ➤ *PORTUGUÊS*

A-Z

EU (non-)citizens (não) cidadãos europeus
evening service missa/culto da noite
event evento (cultural)
exact change valor exato/dinheiro trocado
exact fare valor exato
except on... exceto em...
excess baggage excesso de bagagem
exchange câmbio
exchange rate taxa de câmbio
exit saída
exit to the rear/front saída por trás/pela frente
expiry date data de validade
express checkout caixa rápido
express mail entrega expressa (*tipo sedex*)
express parcel encomenda expressa

F

factory outlet loja de fábrica
fair feira
falling rocks risco de avalanche
farm fazenda
fasten your seat belt use o cinto de segurança
fat content conteúdo de gordura
fat-free sem gordura
fault falha (*geológica*)
February fevereiro
fiction romance, ficção
field campo
fire door porta corta-fogo
fire exit saída de incêndio
fire extinguisher extintor de incêndio
fire station quartel dos bombeiros
firefighters bombeiros
fireworks fogos de artifício
first floor primeiro andar
first aid primeiros socorros
first class primeira classe
fish peixe
fishing rod vara de pescar
fishmonger peixaria
fitting room provador
flavouring aromatizante/flavorizante
flea market feira de usados e antiguidades
flight information informações sobre vôos
flight number número do vôo
florist florista
flour farinha de trigo
for... days durante... dias
for beginners para iniciantes
for greasy/normal/dry hair para cabelo oleoso/normal/seco
for hire para alugar
for inquiries, see... para informações, dirija-se a...
for two para dois
forbidden proibido
foreign estrangeiro
foreign currency moeda estrangeira
foreign languages línguas estrangeiras
forest floresta
formal wear traje a rigor
four-star muito bom (*quatro estrelas*)
free gratuito
free gift brinde
freephone number ligação gratuita (*tipo 0800*)
freepost porte pago – não é preciso selar
freight frete
fresh fresco
from... to... de... a...
frozen congelado
frozen foods alimentos congelados
fruit juices sucos de fruta
full board pensão completa
full up lotado
furnished mobiliado
furniture mobília

G **gale warning** risco de ventania
gallery galeria (*em teatro*)
games room sala de jogos
garden centre artigos de jardinagem
garden flat apartamento com jardim (*andar térreo*)
gate (boarding) portão (*de embarque*)
general practitioner clínico geral
gentlemen homens (*banheiro*)
gifts presentes
give way dê a preferência
gold ouro
goods cannot be refunded or exchanged não fazemos devolução nem troca de mercadorias
gradient declividade
green card "cartão verde" de seguro automotivo internacional
greengrocer quitanda (*onde se vendem hortaliças*)
grocer mercearia
ground floor andar térreo
guest house pensão familiar

H **hairdresser** cabeleireiro
hairdryer secador de cabelos
half board meia pensão
half price metade do preço
hand wash only lavar apenas à mão
hand-sewn costurado à mão
handmade feito à mão
hard-shoulder acostamento
hardware shop loja de ferragens
haulage depot galpão de carga, descarga, armazenamento e apoio ao transporte rodoviário
headroom/height restriction… m limite de altura… m
health clinic centro médico

health foods produtos dietéticos
health-food shop loja de alimentos naturais e dietéticos
heavy goods vehicle veículo de carga pesada
height above sea level altitude acima do nível do mar
helpline serviço de auxílio por telefone
here aqui
high voltage alta tensão
hill morro
hobbies and interests passatempos
holiday timetable horário durante as férias/o feriado
home address endereço residencial
home furnishings decoração do lar
homemade feito em casa
horse riding equitação
horsepower cavalo-vapor
hospital hospital
hot quente
hour hora
hour: 24-hour service aberto 24 horas
house to rent casa para alugar
household linen roupa de cama, mesa e banho
housing estate loteamento residencial
hunting caça

I **ice-skating** patinação no gelo
icy gelado
icy road gelo na estrada
ID card carteira de identidade
improved melhorado, aperfeiçoado
in case of breakdown, phone/contact… em caso de defeito, telefone para…/entrar em contato com…

A-Z

in the event of fire em caso de incêndio
included (in the price) incluso (no preço)
indoor interior/coberto
indoor swimming pool piscina coberta
industrial estate complexo industrial
infirmary enfermaria
information desk balcão de informações
insert card/coins coloque o cartão/as moedas
insert coin coloque a moeda
insert credit card coloque o cartão de crédito
insert money in machine and remove ticket coloque o dinheiro na máquina e pegue o recibo
insert ticket inserir a entrada/o tíquete
instructions for use modo de usar
intensive care terapia intensiva
intercity trains trem interurbano
interference with other drugs interação medicamentosa
intermediate level nível intermediário
iron ferro

J
jam compota
January janeiro
jet ski jet ski
jetfoil hidrofólio
jeweller joalheiro
July julho
June junho

K
keep clear mantenha o caminho livre
keep gate shut mantenha o portão fechado
keep in a cool place mantenha em lugar fresco
keep off the grass não pise na grama
keep out proibida a entrada
keep out of reach of children mantenha fora do alcance de crianças
keep to the left mantenha-se à esquerda
keep to the right mantenha-se à direita
keep your receipt for exchange or refund guarde a nota para o caso de troca ou devolução
keep your receipt/ticket guarde a nota/tíquete de caixa
keys while you wait chave na hora
kitchen cozinha
knock bater (*à porta*)

L
ladies mulheres (*banheiro*)
lake lago
lane ruela
large grande
last call última chamada
last petrol station before the motorway último posto de gasolina antes da auto-estrada
latest entry at... p.m. última entrada às... da tarde/da noite
laundry lavanderia
leaded com chumbo
leather couro
leave keys at reception deixe as chaves na recepção
leave your bags here deixe a bolsa aqui
leave your car in first gear deixe o carro engatado na primeira marcha
let passengers off first espere os passageiros descerem
library biblioteca
lifebelt cinto salva-vidas

INGLÊS ➤ PORTUGUÊS

lifeboats barcos salva-vidas
lifejackets coletes salva-vidas
lift receiver tire o fone do gancho
lighthouse farol
linen linho
listed building prédio tombado
listed historic building prédio histórico tombado
load limit limite de carga
long vehicle veículo longo
long-term parking estacionamento prolongado
loose chippings fragmentos soltos
lorry caminhão
lost property achados e perdidos
lottery loteria
lounge salão
Ltd. Ltda.
luggage allowance peso permitido de bagagem
luggage lockers guarda-volume automático

M **machine washable** lavável à máquina
made in... fabricado em...
made to measure feito sob medida
made to order feito por encomenda
magazine revista
maiden name nome de solteira
mailshot mala-direta
main road estrada nacional
manager diretor/gerente
manor house mansão
March março
market mercado
May maio
meeting point ponto de encontro
men homens
menswear roupa masculina
microwaveable pode ir ao forno de microondas
midnight meia-noite

mind the gap cuidado com o vão entre o trem e a plataforma
mind the step cuidado com o degrau
minimum charge custo mínimo
Miss Srta. (senhorita)
moisturiser for oily/dry skin hidratante para pele oleosa/seca
Monday segunda-feira
money off desconto
monthly mensal
mosque mesquita
mother mãe
motorway auto-estrada
motorway access acesso à auto-estrada
motorway exit saída da auto-estrada
motorway junction trevo/acesso a outra auto-estrada
mountain montanha
mountaineering alpinismo
Mr Sr. (senhor)
Mrs Sra. (senhora)
multipack lote
multi-story car park estacionamento vertical
museum museu

N **name of spouse** nome do cônjuge
narrow road estrada estreita
net weight peso líquido
network rede
New Year Ano-Novo
New Year's Day Dia de Ano-Novo
New Year's Eve véspera de Ano-Novo
new titles/new releases novidades/lançamentos

INGLÊS ➤ PORTUGUÊS

A-Z

new traffic system in operation novo sistema de tráfego em operação
news notícias
newsagent banca de jornais
newspapers only somente jornais
next collection at... próxima coleta às... horas
night bell campainha noturna
night noite
night porter porteiro da noite
no access entrada proibida
no access for cyclists and motorcyclists proibido a ciclistas e motociclistas
no access to car decks during crossing proibido o acesso ao convés de veículos durante a travessia
no ball games proibido jogar bola
no children under... proibido para crianças menores de... anos
no credit cards não aceitamos cartão de crédito
no discounts sem descontos
no diving proibido mergulhar
no entry entrada proibida
no exit sem saída
no fires/barbeques proibido fogueiras/churrascos
no fishing proibido pescar
no intervals sem intervalo
no littering proibido jogar lixo
no overtaking não ultrapasse
no parking proibido estacionar
no photography proibido o uso de câmera fotográfica
no running não corra
no service charge included taxa de serviço não incluída
no smoking on car decks não fumar no convés de veículos
no standing places somente lugares sentados
no stopping proibido parar
no unaccompanied children proibido para crianças desacompanhadas
non-returnable descartável/não retornável
non-smoking não-fumantes
non-stop to... sem paradas até...
noon meio-dia
north(ern) (do) norte
not included não incluído
not to be taken internally somente para uso externo
not to be taken orally não engolir/impróprio para uso interno
note your parking space number anote o número da sua vaga
nothing to declare nada a declarar
novels romances
nudist beach praia de nudismo
number plate placa do carro
nurses enfermeiras

O o'clock horas
of your choice à escolha
oil óleo, azeite
on sobre, em
on an empty stomach em jejum, com estômago vazio
one-way street rua de mão única
one-way só de ida (passagem)
only somente
open aberto, abre
open air ao ar livre
open-air swimming pool piscina ao ar livre
open here abrir aqui
open until/on... aberto até.../às...
operator telefonista
optician oftalmologista/óptica
other directions outras instruções
out of order não funciona

P p pence (1/100 de uma libra)
p.m. à tarde/à noite (*depois do meio-dia*)
P.O. Box caixa postal
paid (with thanks) pago (com nossos agradecimentos)
Palm Sunday Domingo de Ramos
paperbacks brochuras/livros de bolso
paragliding parapente
parcels pacotes
parish paróquia
parking for train users estacionamento para usuários do trem
parking metre parquímetro
parking permitted estacionamento permitido
parking ticket tíquete de estacionamento
parties welcome aceitam-se grupos
pass (mountain) passo (*na montanha*), desfiladeiro
pasta massa
path caminho
pavilion pavilhão
pay at counter pague no caixa
pay at the metre pague no parquímetro
pay cash pague em dinheiro
pay on entry pague ao entrar
pay phone telefone público
payable to... pagável a...
peak ápice, pico
pedestrians pedestres
pedestrian crossing travessia de pedestres
per day por dia
per week por semana
performance apresentação, espetáculo
permit-holders only permissão escrita obrigatória
petrol station posto de gasolina
phonecard cartão telefônico
picnic area área para piquenique

pills comprimidos, pílulas
place of birth local de nascimento
place ticket on windscreen deixe o tíquete em lugar visível por dentro do pára-brisa
plane avião
platform plataforma
please... por favor,...
please ask for assistance peça ajuda ao vendedor
please give up this seat to the old or infirm lugar reservado a idosos e deficientes
please ring the bell toque a campainha
please wait favor aguardar
please wait behind barrier aguardar atrás da barreira
please wipe your feet por favor, limpe os pés
pleasure steamers balsas
police (traffic) polícia (rodoviária, de tráfego)
police station delegacia de polícia
pond lago (natural ou artificial)/lagoa
poor road surface estrada em mau estado
port porto
post office agência de correio
postal orders vale-postal
potholes buraco na estrada
pound (sterling) libra (esterlina)
prayers orações
prescription receita
preservatives conservantes
press to open aperte para abrir
price preço
price per litre preço por litro
prices slashed derrubamos os preços
private privativo
private property propriedade privada

INGLÊS ➤ PORTUGUÊS

211

A-Z

public building prédio público
public gardens/park jardim/parque público
pull for alarm puxe para acionar o alarme
pump bomba de gasolina
push empurrar

Q
quality standard padrão de qualidade
quick sand areia movediça

R
racetrack hipódromo
railway crossing passagem de nível (automática ou manual)
railway station estação ferroviária
ramps lombada
reception recepção
recommended recomendado
record dealer loja de discos
reduced prices preços reduzidos
refreshments available será servido um lanche
refund reembolso
registered letter carta registrada
regular comum (*gasolina*)
repairs consertos
request stop parada a pedido
reserved reservado
reservoir represa, açude
residents only apenas para moradores
return ida e volta (*passagem*)
returnable retornável/não descartável
right of way prioridade, preferência (*na estrada*)
ring road (outer/inner) anel viário (*externo/interno*)
risk of fog risco de nevoeiro
river rio
river bank margem do rio
river boats barcos fluviais
road estrada
road closed estrada fechada
road map mapa das estradas
road under construction estrada em obras
rock climbing escalada
room rate preço dos quartos
room service serviço de quarto
rooms to let quartos para alugar
roundabout rotatória
row fila
rubbish lixo
running water água corrente

S
sailing club clube de vela
sailing instructor instrutor de vela
sale liquidação
sale goods cannot be exchanged não trocamos mercadorias em oferta
salt sal
Saturday sábado
savings bank caixa econômica
scale:... escala:...
school escola
sea mar
sea level nível do mar
season ticket cartão de assinatura (*para temporada de óperas/concertos/etc.*)
season ticket holders only reservado aos assinantes (*os que fizeram assinatura para toda a temporada*)
seat number número da cadeira
seats upstairs lugares no andar de cima
second floor segundo andar
second leg jogo de volta (*numa competição com jogos na casa dos dois times*)
second-hand de segunda mão

second-hand shop brechó
secondary school escola secundária
select destination/zone escolha o destino/a zona
self-catering cottage casa de campo mobiliada
self-service auto-serviço
sell-by date vender até a data...
sender remetente
service charge taxa de serviço
service in progress missa/culto em andamento
service included serviço incluído
service not included serviço não incluído
service road via lateral
service station posto de gasolina
serving suggestions sugestões da casa (*num restaurante*)
set menu cardápio fixo
shallow end piscina infantil
shavers only apenas para barbeadores
ship barco
shockproof à prova de choques
shoes sapatos
shopping basket cestinha (*de supermercado*)
shopping centre centro comercial
short-term parking estacionamento rotativo
show espetáculo
show your bags before leaving mostre a bolsa antes de sair da loja
show your registration documents mostre seus documentos
showers chuveiros
shuttle service serviço de transporte circular
side effects efeitos colaterais
silk seda
skates patins
skiing track pista de esqui
slimmers' menu cardápio para dietas
slow down desacelerar
slow traffic tráfego lento
small pequeno
smoking fumantes
soft verges encosta sujeita a desmoronamento
soiled goods artigos vendidos com pequenos defeitos
sold out esgotado/lotado
south(ern) (do) sul
speed bumps quebra-molas
speed limit limite de velocidade
spring primavera
square praça
stadium estádio
stalls platéia (*num teatro*)
stamps selos
stately home palacete
stationer papelaria
steamer barco a vapor
steel aço
stock exchange bolsa de valores
stopping service ônibus parador
store guide mapa da loja
storm warning risco de tempestades
stream riacho
street rua
student estudante
studio ateliê
stylist cabeleireiro/esteticista
subject to availability conforme disponibilidade
subtitled com legendas (*filme*)
suburbs subúrbios
sugar açúcar
sugar-free sem açúcar
suitable for vegetarians para vegetarianos
summer verão

INGLÊS ➤ *PORTUGUÊS*

A-Z

sun block cream protetor/bloqueador solar
sun deck convés de recreação
Sunday domingo
sunglasses óculos de sol
supervised swimming uso (da piscina/da praia) sob a vigilância de guarda-vidas
surfboard prancha de surfe
surname sobrenome
swimming natação
switch off apagar/desligar
switch on headlights use os faróis

T

tailback: delays likely engarrafamento, tráfego lento
take after meals tomar depois das refeições
take ticket pegue o bilhete/o ingresso
take your money/card retire o dinheiro/cartão
take-away para levar, para viagem
taxi rank ponto de táxi
tear here rasgue aqui
terminal terminal aeroviário
terraced house casas geminadas
thank you obrigado
thank you for your contribution obrigado por sua contribuição
this afternoon esta tarde
this evening esta noite
this machine gives change esta máquina dá troco
this morning esta manhã
this room needs making up este quarto precisa ser arrumado
this train stops at... este trem pára nas estações...
Thursday quinta-feira
ticket passagem (*bilhete*)
ticket agency agência de venda de ingressos para espetáculos
ticket holders only apenas para quem já tem ingresso
ticket office bilheteria
tickets for tonight entradas para esta noite
tier fila (*de cadeiras numa platéia*)
times of collection horário de coleta
timetable (summer/winter) horários (*de verão/de inverno*)
tip gorjeta
today hoje
toll pedágio
toll booth posto de pedágio
tomorrow amanhã
tourist office informações para turistas
town hall prefeitura
toy shop loja de brinquedos
toys brinquedos
traffic from the opposite direction tráfego na direção contrária
traffic jams: delays likely engarrafamentos
traffic-free área de tráfego proibido
travel agent agência de viagens
treatment room sala de tratamento
Tuesday terça-feira
Turkish bath banho turco
turn off your engine desligue o motor
two-star normal (duas estrelas)
two-way street via de mão dupla

U

UK Reino Unido
unauthorized vehicles will be towed away veículos não autorizados serão rebocados
under construction em obras
underground metrô
underground ticket inspector fiscal do metrô
underground garage garagem subterrânea

underground passage passagem subterrânea
unleaded sem chumbo
unleaded petrol gasolina sem chumbo
until até
updated atualizado
upstairs lá em cima, no andar superior
use of horn prohibited proibido buzinar
use the underpass use a passagem subterrânea
use-by date data de validade
used tickets passagens/ingressos usados

V vacancies quartos vagos
vacant livre
vacate your room by... libere o seu quarto antes das...
vegetables hortaliças
view point mirante
viewing gallery galeria (*para espectadores*)
visiting hours horário de visita

WX YZ wait for tone espere o sinal sonoro
wait for your ticket aguarde o tíquete
waiting room sala de espera
walkway caminho
wall parede
war memorial monumento aos mortos de guerra
ward enfermaria
warning cuidado
warning cattle! atenção! gado na pista!
wash bowl bacia
wash separately lavar separadamente
waste point local para depositar o lixo
watchmaker relojoeiro

water tap torneira
waterskiing esqui aquático
way in entrada
way out saída
we accept credit cards aceitamos cartão de crédito
we buy and sell... compramos e vendemos...
weather forecast previsão do tempo
Wednesday quarta-feira
weekdays dias úteis
weekdays only somente em dias úteis
weekly semanário, semanalmente
welcome! bem-vindo!
well poço
west(ern) (do) oeste, ocidental
wet paint tinta fresca
windmill moinho de vento
window seat assento na janela
windsurfing *windsurf* (surfe a vela)
wine tasting degustação de vinhos
winter inverno
with bathroom com banheiro
with food/meals durante as refeições
with sea view com vista para o mar
with shower com chuveiro
withdrawals retiradas
within easy reach of shops/the sea próximo do comércio/da praia
without food longe das refeições
women mulheres
women's magazine revista feminina
wood madeira, bosque
wool lã
world leader líder mundial
yard pátio
yellow pages páginas amarelas
youth juventude
youth hostel albergue da juventude

Miscelânea

Números	216	Feriados	219
Dias/meses/datas	218	Horas	220
		Mapas	222
Desejos e votos	219	Consulta rápida	224

Números Numbers

Em inglês, utiliza-se ponto em vez de vírgula nos números decimais. Os algarismos decimais são enunciados um a um depois do ponto.

13.56 **thirteen point five six**

Usa-se a vírgula para separar as casas dos milhares.

2,345,622 **two million, three hundred and forty five thousand, six hundred and twenty two**

0	**zero/«o»** *zi:rou/ou*	17	**seventeen** *sévânti:nn*
1	**one** *wann*	18	**eighteen** *eiti:nn*
2	**two** *tu:*	19	**nineteen** *nainti:nn*
3	**three** *THri:*	20	**twenty** *twénti*
4	**four** *fó:*	21	**twenty-one** *twénti-wann*
5	**five** *faiv*	22	**twenty-two** *twénti-tu:*
6	**six** *siks*	23	**twenty-three** *twénti-THri:*
7	**seven** *sévânn*	24	**twenty-four** *twénti-fó:*
8	**eight** *eit*	25	**twenty-five** *twénti-faiv*
9	**nine** *nainn*	26	**twenty-six** *twénti-siks*
10	**ten** *ténn*	27	**twenty-seven** *twénti-sévânn*
11	**eleven** *ilévânn*		
12	**twelve** *twélv*		
13	**thirteen** *THâ:ti:nn*		
14	**fourteen** *fó:ti:nn*		
15	**fifteen** *fifti:nn*		
16	**sixteen** *siksti:nn*		

28	**twenty-eight** _twénti-eit_	primeiro	**first** _fâ:st_
29	**twenty-nine** _twénti-nainn_	segundo	**second** _sékând_
30	**thirty** _THâ:ti_	terceiro	**third** _THâ:d_
31	**thirty-one** _THâ:ti-wann_	quarto	**fourth** _fó:TH_
32	**thirty-two** _THâ:ti-tu:_	quinto	**fifth** _fifTH_
40	**forty** _fó:ti_	uma vez	**once** _wanss_
50	**fifty** _fifti_	duas vezes	**twice** _twaiss_
60	**sixty** _siksti_	três vezes	**three times** _THri: taimmz_
70	**seventy** _sévânti_	metade	**half** _ha:f_
80	**eighty** _eiti_	meia hora	**half an hour** _ha:f ânn auâ_
90	**ninety** _nainti_		
100	**a hundred** _â handrâd_	meio tanque	**half a tank** _ha:f â tænk_
101	**a hundred and one** _â handrâd ând wann_	consumido pela metade	**half eaten** _ha:f i:tânn_
102	**a hundred and two** _â handrâd ând tu:_	um quarto	**a quarter** _â kwó:tâ_
200	**two hundred** _tu: handrâd_	um terço	**a third** _â THâ:d_
500	**five hundred** _faiv handrâd_	um par de...	**a pair of...** _â pér âv_
1 000	**a thousand** _â THauzând_	uma dúzia de...	**a dozen...** _â dazânn_
10 000	**ten thousand** _ténn THauzând_	1999	**nineteen hundred and ninety-nine** _nainti:nn handrâd ând nainti-nainn_
35 750	**thirty-five thousand, seven hundred and fifty** _THâ:ti-faiv THauzând sévânn handrâd ând fifti_	2001	**two thousand and one** _tu: THauzând ând wann_
		os anos 1990	**the nineties** _DHâ naintiz_
1 000 000	**a million** _â milyânn_		

Dias Days

segunda-feira	**Monday** _man_di
terça-feira	**Tuesday** _tyu:_zdi
quarta-feira	**Wednesday** _wén_zdi
quinta-feira	**Thursday** _THâ:_zdi
sexta-feira	**Friday** _frai_di
sábado	**Saturday** _sæ_tâdi
domingo	**Sunday** _san_di

Meses Months

janeiro	**January** _djæ_nyuâri
fevereiro	**February** _fé_bruâri
março	**March** ma:tch
abril	**April** _ei_pril
maio	**May** mei
junho	**June** dju:nn
julho	**July** dju:_lai_
agosto	**August** _ó:_gâst
setembro	**September** sépt_ém_bâ
outubro	**October** okt_ou_bâ
novembro	**November** nouv_ém_bâ
dezembro	**December** diss_ém_bâ

Datas Dates

Hoje é...	**It's...** its
dez de julho	**the 10th of July** DHâ ténTH âv dju:_lai_
terça-feira, primeiro de março	**Tuesday, March the 1st** _tyu:_zdi ma:tch DHâ fâ:st
ontem	**yesterday** _yés_tâdei
hoje	**today** tâ_dei_
amanhã	**tomorrow** tâ_mó_rou
este… /… passado	**this…/last…** DHiss…/la:st…
na próxima semana	**next week** nékst wi:k
todo mês/ano	**every month/year** _évri_ mannTH/yia
(durante) o fim de semana	**(during) the weekend** (_dyu:_ring) DHâ _wi:_kénd

Estações do ano Seasons

primavera	**spring**	*spring*
verão	**summer**	<u>sa</u>mâ
outono	**autumn**	<u>ó:tâ</u>mm
inverno	**winter**	<u>wintâ</u>
na primavera	**in spring**	*inn spring*
durante o verão	**during the summer**	<u>dyu:</u>ring DHâ <u>sa</u>mâ

Desejos e votos Greetings

Feliz aniversário!	**Happy birthday!**	*hæpi bâ:THdei*
Feliz Natal!	**Merry Christmas!**	*méri <u>kriss</u>mâss*
Feliz Ano Novo!	**Happy New Year!**	*hæpi nyu: yia*
Feliz Páscoa!	**Happy Easter!**	*hæpi <u>i:</u>stâ*
Parabéns!	**Congratulations!**	*kóngrætyu<u>lei</u>chânz*
Boa sorte!	**Good luck!**	*gud lak*

Feriados Public holidays

Inglaterra:

1º de janeiro	**New Year's Day** – Dia de Ano Novo
Fim de março/meados de abril	**Good Friday** – Sexta-Feira Santa
	Easter Monday – Segunda-feira após a Páscoa
Dia do Trabalho	**May Day** – Dia de Maio
última segunda-feira de maio	**Spring Bank Holiday** – Festa da Primavera
última segunda-feira de agosto	**August Bank Holiday** – Festa do Verão
25 de dezembro	**Christmas** – Natal
26 de dezembro	**Boxing Day** – Dia de Santo Estêvão

As datas variam na República da Irlanda e na Escócia.

Observe que, quando um feriado cai no sábado ou no domingo, é costume que a segunda-feira seguinte seja feriado.

No País de Gales, festeja-se o **St David's Day** (Dia de São Davi) em 1º de março.

Na República da Irlanda e na Irlanda do Norte, o **St Patrick's Day** (Dia de São Patrício) é em 17 de março.

Na Escócia, 2 de janeiro é feriado e comemora-se o **St Andrew's Day** (Dia de Santo André) em 30 de novembro.

Nas ilhas anglo-normandas, o **Liberation Day** (dia da libertação) é comemorado em 9 de maio.

Horas Time

Na Grã-Bretanha, usa-se o sistema de doze horas. Da meia-noite ao meio-dia, o número das horas é seguido pelas letras **a.m.** e do meio-dia à meia-noite, pelas letras **p.m.** Para horários, utiliza-se o sistema de 24 horas.

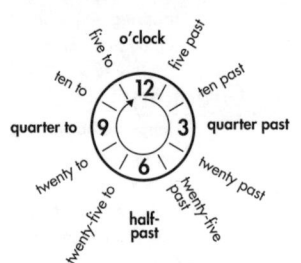

Clock diagram showing: o'clock, five past, ten past, quarter past, twenty past, twenty-five past, half-past, twenty-five to, twenty to, quarter to, ten to, five to

Com licença. Pode me dizer as horas?	**Excuse me. Can you tell me the time?** *ikskyu:z mi: kænn yu: tél mi DHâ taimm*
São...	**It's...** *its*
uma e cinco	**five past one** *faiv pa:st wann*
duas e dez	**ten past two** *ténn pa:st tu:*
três e quinze	**a quarter past three** *â kwó:tâ pa:st THri:*
quatro e vinte	**twenty past four** *twénti pa:st fó:*
cinco e vinte e cinco	**twenty-five past five** *twénti faiv pa:st faiv*
seis e meia	**half past six** *ha:f pa:st siks*
vinte e cinco para as sete	**twenty-five to seven** *twénti faiv tu sévânn*
vinte para as oito	**twenty to eight** *twénti tu eit*
quinze para as nove	**a quarter to nine** *â kwó:tâ tu nainn*
dez para as dez	**ten to ten** *ténn tu ténn*
cinco para as onze	**five to eleven** *faiv tu ilévânn*
meio-dia/meia-noite	**twelve o'clock (noon/midnight)** *twélv â klók (nu:nn/midnait)*

ao amanhecer	**at dawn** æt dó:nn
pela manhã	**in the morning** inn DHâ mó:ning
durante o dia	**during the day** dyu:ring DHâ dei
antes do almoço	**before lunch** bifó: lantch
depois do almoço	**after lunch** a:ftâ lantch
à tarde	**in the afternoon** inn DHi a:ftânu:nn
à noite	**in the evening** inn DHi i:vning
de noite	**at night** æt nait
Estarei pronto em cinco minutos.	**I'll be ready in five minutes.** áil bi: rédi inn faiv minits
Ele volta em quinze minutos.	**He'll be back in a quarter of an hour.** hi:l bi: bæk inn â kwó:târ âv ânn auâ
Ela chegou uma hora atrás.	**She arrived an hour ago.** chi: âraivd ânn auâr âgou
O trem parte às...	**The train leaves at...** DHâ treinn li:vz æt
treze horas e quatro minutos	**four minutes past one** fó: minits pa:st wann
meia-noite e quarenta minutos	**forty minutes past midnight** fó:ti minits pa:st midnait
10 minutos atrasado/adiantado	**ten minutes late/early** ténn minits leit/â:li
5 segundos adiantado/atrasado	**five seconds fast/slow** faiv sékândz fa:st/sslou
das 9 às 17 horas	**from nine a.m. to five p.m.** frâmm nainn ei émm tu faiv pi: émm
entre 8 e 14 horas	**between 8 a.m. and 2 p.m.** bitwi:nn eit ei émm ænd tu: pi: émm
Vou partir até as...	**I'll be leaving by...** áil bi: li:ving bai
Vai voltar antes das...?	**Will you be back before...?** wil yu: bi: bæk bifó:
Estaremos lá até as...	**We'll be there until...** wi:l bi: DHér ântil

Escócia

- Aberdeen
- Glasgow
- Edimburgo

MAR DO NORTE

- Belfast
- Dublin
- Newcastle-upon-Tyne
- Middlesbrough
- Blackpool
- Liverpool
- Leeds
- York
- Manchester

Inglaterra

- Nottingham
- Birmingham
- Leicester
- Coventry
- Norwich
- Cardiff
- Bristol
- Oxford
- Cambridge
- Reading
- Southampton
- Bournemouth
- Brighton
- Plymouth
- □ LONDRES

CANAL DA MANCHA

Consulta rápida Quick reference

Bom dia.	**Good morning.** gud mó:ning
Boa tarde.	**Good afternoon.** gud a:ftânu:nn
Boa noite.	**Good evening.** gud i:vning
Olá!	**Hello!/Hi!** hâlou/hai
Até logo	**Good-bye.** gudbái
Com licença. (para chamar a atenção de alguém)	**Excuse me.** ikskyu:z mi
O que disse?	**What did you say?** wót did yu: sei
Desculpe!	**Sorry!** sóri
Por favor.	**Please.** pli:z
Obrigado.	**Thank you.** thænk yu
Fala português?	**Do you speak Portuguese?** du: yu: sspí:k põ:tchughi:z
Não entendi.	**I don't understand.** ai dount ândâstænd
Onde está?/Onde fica...?	**Where's...?** wéaz
Onde fica o toalete?	**Where are the toilets?** wér a: ÐHâ tóilits

Emergências Emergency

Socorro!	**Help!** help
Vá embora!	**Go away!** gou âwéi
Deixe-me em paz!	**Leave me alone!** li:v mi âlounn
Chame a polícia!	**Call the police!** kó:l ÐHâ pâli:ss
Pega ladrão!	**Stop thief!** THi:f
Chame um médico!	**Get a doctor!** ghét â dóktâ
Fogo?	**Fire!** faiâ
Estou doente.	**I'm ill.** aimm il
Eu me perdi.	**I'm lost.** aimm lóst
Pode me ajudar?	**Can you help me?** kænn yu: help mi

Emergências ☎ Incêndio/Ambulância/Polícia 999

Embaixadas e consulados

Brasil	Londres	Dublin
	(4420) 7499.0877	(3531) 475-6000

224

223

Irlanda do Norte
- Londonderry
- Belfast □
- Newry
- Enniskillen

República da Irlanda
- Dublin □
- Limerick
- Cork